Santiago de Compostela

en tu bolsillo

Editorial Everest le agradece la confianza depositada en nosotros al adquirir este libro, elaborado por un amplio y completo equipo de Publicaciones formado por fotógrafos, ilustradores y autores especializados en turismo, junto a nuestro moderno departamento de cartografía. Everest le garantiza la total actualización de los datos contenidos en la presente obra hasta el momento de su publicación y le invita a comunicarnos toda información que ayude a la mejora de nuestras guías, porque nuestro objetivo es ofrecerle siempre un TURISMO CON CALIDAD.

Puede enviarnos sus comentarios a:
Editorial Everest. Dpto. de Turismo. Apartado 339
24080 León (España). e-mail: info@everest.es

everest

Contenido

INTRO

Santiago. Tradición y vanguardia 8
El Xacobeo (o Jubileo) 16
El Camino de Santiago 22
La gastronomía de Santiago de Compostela 28

ITINERARIOS

1. Ella misma lo merece. La catedral de Santiago 37
2. La ciudad histórica 80
3. La ciudad extramuros también merece una visita 124
4. Alrededores de Santiago que no hay que perderse 142
5. Lo mejor para que los niños disfruten la ciudad 154
6. Los conventos de clausura. Fe y silencio 164

HITOS MONUMENTALES 178

INFO PRÁCTICA

Llegar (y salir) y datos prácticos a mano 186
Moverse por Santiago 200
Si prefieres que te lo cuenten. Visitas guiadas 203
Aprovechar la naturaleza con un poquito de deporte 206
Las fiestas y celebraciones populares más destacadas 211
Vida nocturna 215
Vida cultural 220
Recuerdos para la familia y otros productos 229
Alojamientos recomendados 234
Establecimientos recomendados 241

ÍNDICE 252

In-
tro

Santiago. Tradición y vanguardia

La ciudad de Santiago es una joya que requiere una obligada visita cuando, por fin, nos decidimos a acercarnos a ese territorio alejado, periférico y atractivo que es Galicia. Es Patrimonio de la Humanidad declarada por la UNESCO en 1985, final de una ruta de peregrinación milenaria que se debe considerar un claro antecedente de los proyectos de construcción europea, centro cultural y universitario con cinco siglos de historia y capital de la Comunidad Autónoma gallega. Pero, al mismo tiempo, Compostela es una realidad compleja donde lo universal, su proyección internacional e ibérica caben en un territorio apenas poblado por 93.712 habitantes de derecho, a los que habría que sumar unos cuantos miles más de los municipios vecinos integrados en su aglomeración urbana y estudiantes o funcionarios de la *Xunta* de Galicia que, si bien pasan la mayor parte del año en la urbe no aparecen censados en la misma.

Este carácter de ciudad mediana deja su impronta también en la gran significación de todo lo local en el núcleo, donde los miércoles por la noche se realizan las principales transacciones ganaderas del noroeste español. Cualquier día podemos recorrer un mercado de reminiscencias históricas en el que se comercializan verduras, hortalizas, pescados y carnes de los espacios próximos. Es posible detectar la existencia de un elevado número de consultas de prestigiosos médicos de la denominada escuela compostelana que atienden a pacientes de toda Galicia. El día a día de la ciudad se mueve entre lo local y lo global, como se dice ahora, y al mismo tiempo acceden a su interior paisanas que procuran vender parte de la cosecha de pimientos de Padrón, personas que tienen que ver a un traumatólogo, un jefe de gobierno o embajador extranjero y una delegación de expertos en conservación de cascos antiguos, sin ir más lejos.

Cuando llegamos al corazón de la ciudad, algo que no es muy difícil ya que existe un conjunto de vías que tiende a confluir en el centro, nos sorprenderá que la vida del núcleo se desarrolle en dos sectores contiguos, complementarios, pero de muy diferente fisonomía y calidad urbanística: el casco antiguo y el denominado ensanche. El casco antiguo constituye un excelente ejemplo de calles y *rúas* de origen medieval, engloba lo sustancial de los monumentos de la urbe, así como un importante conjunto de casas y palacios *(pazos)* urbanos de época barroca o del siglo XIX; un espacio, en definitiva, donde la profusa utilización del granito como material constructivo ha permitido conservar perfectamente un legado histórico de primera magnitud y cuyo valor ha sido reconocido en múltiples declaraciones internacionales. Aparte de una pequeña puerta no quedan restos de mención de la antigua muralla que encerró durante siglos la ciudad. Sin embargo, cierta capacidad de observación hace posible descubrir el perímetro de esta área urbana excepcional en la que nos introducimos: desde el norte, por la avenida de Juan XXIII que casi desemboca en el Obradoiro; desde la plaza de Galicia, la Senra o la Alameda, por las antiguas *Portas da Mámoa* y *Faxeira*, o siguiendo el antiguo trazado del Camino Francés a Santiago, como no podía ser de otra forma, por la llamada *Porta do Camiño*. La ronda de la muralla originaria se conserva en la actualidad convertida en una calle de intensa circulación que pasa por delante de los conventos de la Compañía de María y las Mercedarias y por detrás del edificio de la Universidad Literaria (hoy Facultad de Geografía e Historia) y de la secular Escuela de Gramática (Facultad de Filosofía).

Por su parte, el ensanche se presenta como un conjunto de calles que sigue un plano bastante regular y que fue urbanizado durante las décadas de 1960 y 1970 en un contexto de fuerte crecimiento de la ciudad debido al auge experimentado por su universidad que, si a mediados de siglo contabilizaba menos de 3.000 estudiantes hoy en día anda cerca de los 40.000. No se trata de un ensanche en el sentido urbanístico del término sino que estamos ante una serie de sectores con bloques de edificación cerrada, de seis a ocho pisos de altura. No obstante, la ocupación de numerosos bajos por todo tipo de pequeños comercios y la proliferación de escaparates bien cuidados le ha otorgado bastante atractivo para el visitante. Casco antiguo y ensanche definen conjuntamente el centro urbano donde se concentra la actividad mercantil y de ocio y se percibe mejor el frenesí del ritmo de vida ciudadano. Hasta tal punto esto se cumple que es muy probable que en nuestros primeros momentos como visitantes en Santiago no salgamos de ellos.

Calle de O Franco.

Esquina de la plaza de Galicia con la calle Hórreo.

Monumento a Montero Ríos en la plaza de A Universidade.

En cualquier caso, al margen de estos sectores principales, cabe destacar la existencia de dos magníficos ejemplos de integración de la enseñanza superior en la ciudad, el Campus Norte y el Campus Sur donde se encuentra la mayoría de las facultades, institutos de investigación, residencias o laboratorios de la *Universidade de Santiago de Compostela.* No se trata de campus periféricos sino limítrofes con el centro compostelano y, en especial, el diseño del Campus Sur ofrece un modelo de localización de calidad para los equipamientos educativos sorprendente en España. También se debe mencionar que el extremo septentrional de la población, el barrio de San Cayetano, acoge las dependencias de la *Xunta* de Galicia y que muy cerca del mismo nos hallamos con un área urbanizada denominada polígono de *As Fontiñas*, donde se ubica un gran espacio comercial de la urbe que sigue los principios de agrupación de establecimientos en un mismo inmueble (**Área Central** *www.acentral.com)*, y que un conjunto de barrios periféricos, residencia de estudiantes, funcionarios y trabajadores (Vista Alegre, Conxo, Ponte Pedriña, Vite, etc.) completan el mosaico urbano de Santiago.

Una característica de la ciudad manifestada a todas horas es la intensidad de tráfico, que puede prolongarse todo el día. Esta capital política de pequeñas dimensiones, gran centro universitario

La catedral y sus alrededores.

(un estudiante superior por cada tres habitantes) y ciudad comercial, turística y de servicios atrae a numerosos no residentes que, según los últimos cálculos efectuados, acceden a su interior en 40.000 vehículos privados todos los días. Otra particularidad compostelana es que nos encontramos ante la urbe donde más se utiliza el *galego,* consecuencia de su protagonismo como importante foco cultural y sede de las instituciones autonómicas. En tercer lugar, las gentes de Santiago, aunque madrugadoras, trasnochan mucho. La oferta de bares, pubs o discotecas abiertos hasta altas horas de la madrugada, durante todo el año, es extraordinariamente abundante y se ha desarrollado para atender una demanda estudiantil, de jóvenes o de personas de los alrededores que recurren a un amplio fin de semana que normalmente comienza el miércoles o el jueves.

El Xacobeo (o Jubileo)

El *Xacobeo*, Jubileo en castellano, se celebra un año concreto en el que la Iglesia concede especiales gracias a los fieles.

El Año Santo Compostelano se celebra cada vez que el día 25 de julio, fiesta que celebra y recuerda el martirio de Santiago, coincide en domingo. La periodicidad de la celebración de un año jubilar es la siguiente: 11, 6, 5, 6.

La tradición del Jubileo comenzó en 1122 con el papa Calisto II. Después la confirmaron otros papas y Alejandro II en la bula *Regis Aeterni* de 1179 le otorga perpetuidad.

Para poder "ganar el Jubileo" se requiere:

• Haber visitado la tumba del Apóstol Santiago en la catedral y rezar una oración.

• Recibir el sacramento de la confesión, en cualquier catedral, quince días antes o después de la visita a Santiago.

• Recibir la comunión.

El Jubileo no está ligado a la Compostela (el certificado que se otorga a los peregrinos). Y se puede conseguir la gracia del Jubileo llegando a la ciudad por cualquier medio. También comentaremos que, a su vez, para conseguir la gracia jubilar, no es necesario pasar por la Puerta Santa ni abrazar al Apóstol ni atravesar el Pórtico de la Gloria, tradiciones estas muy cristianas pero vinculadas más a la tradición que a la celebración del Jubileo.

Xacobeo (Jubileo) 2010

En el año 2010 se celebrará el segundo año santo Jubilar del siglo XXI. Siguiendo el ciclo de celebraciones que sigue la fórmula: 6, 5, 6, 11 se puede deducir que los últimos Años Santos fueron el 1993, 1999, 2004 y que el siguiente es el 2010. Habrá que esperar otros once años, hasta el 2021, para que otro 25 de julio (martirio del Apóstol Santiago) caiga en domingo, condición indispensable para que el año sea proclamado Santo o Jubilar.

El gobierno gallego, a través del organismo creado expresamente para este Año Santo, (la S. A. de **Xestion do plan Xacobeo** *www.xacobeo.es*), prepara, para el año 2010, una serie de proyectos promocionales y culturales que pretende hacer hincapié en la cultura jacobea, en el Camino de Santiago, con un espíritu abierto a la cultura contemporánea, pero sin olvidar el pasado e intentando potenciar las rutas y su riqueza paisajística, cultural, económica y de conocimiento general de la región y sus costumbres y tradiciones. En resumen, respeto y orgullo del pasado y querencia del futuro y sus oportunidades.

El plan cultural que preveé el gobierno gallego es, sobre todo, un proyecto descentralizado. Son varios los aspectos sobre los que se trabajarán. En lo que concierne al Camino de Santiago se pretende revalorizar el patrimonio cultural y profundizar el sentido espiritual del mismo. Al mismo tiempo se prepararán diversas exposiciones, efímeras algunas, como exposiciones temporales, y otras que se llevarán a cabo en los museos y publicaciones de todo tipo.

Se han programado actos y muestras de carácter histórico y de arte contemporáneo y una completísima oferta de temáticas tan diversas como las deportivas, artísticas, culturales y sociales, y no solo circunscritas a Santiago de Compostela sino de toda Galicia. Además, también un innumerable cantidad de conciertos, conferencias, foros de pensamiento, charlas de todo tipo y un nutrido surtido de representaciones teatrales.

Aparte de la ingente cantidad de actividades que se desarrollarán en toda Galicia, el año Jubilar saldrá de su tierra, de sus caminos y su bruma, y sobre todo de su catedral, para celebrar y darse a conocer por toda Europa... Esta programación europea será desarrollada por el **Instituto Cervantes** *(www.cervantes.es)* en embajadas, asociaciones de amigos del Camino de Santiago y en diversas ferias internacionales. El Jubileo se celebrará también en Europa en forma, principalmente, de exposiciones fotográficas y artísticas que den a conocer este acontecimiento en todo el continente.

Otra de las metas del año Jubilar 2010 será restaurar, señalizar y conservar perfectamente todos los Caminos de Santiago, mejorando y ampliando los trazados así como aumentando la red de albergues gratuitos para peregrinos. Medidas todas ya aprobadas y englobadas en el *Plan corrector dos camiños de Santiago* y en el *Plan de restauración e Posta en Valor dos camiños de Santiago.*

Y, como último punto para destacar, el intento de integrar las nuevas tecnologías de la información y la comunicación en la promoción y en la asistencia de los peregrinos y fieles de todo el mundo. El año Jubileo será, posiblemente, el más competo, con más recursos y más afluencia de todos los años santos pasados. Ríos de fe, devoción y cultura que, sin duda, nunca, ningún año, fue mejor que este para venir y disfrutar plenamente de Santiago y su espiritualidad.

El Camino de Santiago

El Camino necesita una guía para sí mismo, y no una pequeña. Aquí sólo pretendemos dar algunas claves y una somera introducción. Quizá os pique la curiosidad y queráis saber más, entonces colocaos la mochila y volved a Santiago, esta vez a pie.

En la Edad Media la peregrinación a Santiago se convirtió en uno de los acontecimientos más importantes en toda Europa. Tan importante fue que, recientemente, el Parlamento Europeo catalogó el Camino como *Primer itinerario cultural europeo* y la Unesco lo declaró *Patrimonio de la Humanidad.*

Todo comenzó con el descubrimiento del sepulcro de Santiago Apóstol, hijo de Zebedeo y hermano de Juan Evangelista. Este hecho cambió por completo el futuro del pequeño asentamiento en el noroeste ibérico. Y cambió también la faz de la Europa cristiana al crear un camino que nacía de varios puntos europeos y que atrajo a los peregrinos en busca del sepulcro del santo, hoy cobijado en el interior de la catedral de Santiago.

Breve historia

Leyenda o historia ya nunca lo sabremos. El hallazgo de la reliquia ocurrió en la segunda o tercera década del siglo IX, según la tradición oral y escrita, que nunca ha podido ser corroborada por los historia-

dores. El único hecho histórico fiable es el de la decapitación del Apóstol por Herodes Agrippa en el 44 d.C. Según las explicaciones del *Codex Calixtinus* y porque la *Legenda Aurea* da fe del traslado del santo a los confines donde predicó las enseñanzas de Cristo, en el noroeste de la Iberia romana. Según dicha leyenda fue conducido por dos discípulos en un barco escoltado por ángeles. Allí, tras una serie de hechos milagrosos, fue sepultado en el monte *Liberum Donum,* en un lugar al que se refiere vagamente como *Arcis Marmoricis.*

Traslación del cuerpo de Santiago de Palestina a Iria Flavia.

Siguiendo con la leyenda, ochocientos años más tarde un ermitaño habría avistado luces celestiales que le condujeron al sepulcro. La noticia llegó a Teodomiro, obispo de Iria, y el rey Alfonso II hizo construir la primera pequeña capilla protegida por los monjes Benedictinos. Al final del siglo IX ya se había construido en el lugar una basílica mayor y comenzaron las primeras peregrinaciones.

La noticia coincidió con un momento histórico muy importante para la región; la consolidación del reino Astur-Galaico. Las tropas musulmanas habían sido expulsadas de la región y era necesario repoblar la zona. En la tarea de repoblación y de conexión con el resto de Europa fue importantísimo el hecho de contar con un lugar de peregrinación casi tan importante como Jerusalén o Roma, y el sepulcro hizo crecer a la ciudad y le dio importancia e independencia.

Diferentes caminos

Camino Francés

La ruta por excelencia presenta dos variantes dependiendo del punto por el que los peregrinos entran desde Francia. El Camino comienza en Saint-Jean-Pied-de-Port (Francia). Los peregrinos recorren en España 774 km atravesando las provincias de Navarra, La Rioja, Burgos, Palencia, León, Lugo y A Coruña.

Camino Aragonés

Entra desde Francia por Somport, en territorio francés, y continúa por las provincias de Huesca, Zaragoza y Navarra hasta arribar a Puente la Reina-Gares, donde se une al Camino Francés.

Camino Primitivo

Los primeros devotos procedentes del reino astur, de Oviedo, seguían, en teoría, la ruta primitiva que condujo al rey Alfonso II hacia el sepulcro. El itinerario es Oviedo-Tineo-Grandas-A Fonsagrada-Lugo-Palas de Reis y ahí enlaza con el Camino Francés.

Camino del Norte

Este camino llega a Santiago más por el norte que el Camino Francés debido a que en aquella época todavía había zonas ocupadas por los musulmanes. La ruta permitía a los peregrinos enlazar con la catedral de Oviedo y continuar por la costa asturiana hasta la ría del Eo.

El recorrido es Hendaya-Donostia-Zarautz-Gernika-Bilbao-Laredo-Santander-Santillana del Mar-Comillas-Llanes-Ribadesella y, a partir de aquí, dos opciones: la interna por Oviedo y que enlaza con el Camino Primitivo, o por la costa, por Avilés y Luarca, hasta entrar a Galicia por Ribadeo-Mondoñedo-Vilalba-Lugo-Sobrada-Santiago.

Camino Portugués

Las posibilidades de seguir el Camino desde Portugal son varias, pero la más popular es la que comienza en Oporto y entra en España por Tui. El puente internacional Valença do Miño-Tui sigue siendo el paso más frecuentado, aunque en algunos casos se cruza en barca.

El recorrido es: Tui-Porriño-Redondela (donde confluyen otras rutas)-Caldas de Reis-Padrón-Santiago.

Camino Inglés

Los peregrinos que llegaban de las islas británicas atracaban sus barcos en A Coruña o Ferrol, desde donde se dirigían a Santiago de Compostela. Las dos posibilidades son Ferrol-Pontedeume-Miño-Betanzos-Abegondo-Ordes-Santiago o bien A Coruña-Culleredo-Cambre-Carral-Ordes-Santiago.

Vía de la Plata

Camino menos conocido y menos transitado, la Vía de la Plata es la ruta jacobea de mayor recorrido. Este camino es la base que sigue la original calzada romana que iba desde *Emerita Augusta* (Mérida) a *Asturica Augusta* (Astorga). Desde Astorga se puede continuar por el Camino Francés. La otra opción llega a Santiago por la desviación de Puebla de Sanabria a Ourense. Y otra última opción es entrar por el norte de Portugal a España de nuevo por el sur de la provincia orensana hacia Verín.

Itinerario Jacobeo del mar de Arousa y del río Ulla

Esta es una ruta marítimo-fluvial que conmemora la llegada a tierras gallegas de los restos del Apóstol Santiago. Según la tradición la barca entró por la ría y remontó el río Ulla, llegando a la ciudad romana de Iria Flavia (posiblemente el actual Padrón).

San Francisco peregrino en la monumental obra del escultor Asorey.

La gastronomía de Santiago de Compostela

La gastronomía de Santiago de Compostela, y por extensión la de Galicia, es, tópicos aparte, de las mejores y más variadas de España, y nos atreveríamos a decir que de las mejores del mundo. Su marisco está considerado de la más alta calidad y su prestigio es internacionalmente reconocido.

Los cercanos litorales del mar Cantábrico y del océano Atlántico, donde se obtienen sus riquísimos pescados y mariscos; su relieve montañoso, de donde proceden sus carnes y su caza; y una cultura vinícola tan antigua como el hombre hacen de sentarse a la mesa un viaje en sí mismo, y su variedad de vegetales frescos, sus productos de calidad sin igual y la cultura gastronómica de la que hacen gala los locales hacen del comer en Santiago una experiencia inolvidable. ¡A la mesa!

Platos típicos

1 Los pimientos de Padrón

Se recogen en las cercanas poblaciones de Padrón, Santa María de Herbón y en las riberas del Ulla. Son pequeños y chatos y lo típico es comerlos fritos… Recordad que, de vez en cuando, uno os resultará picante, no está de más una buena bebida fría por si las moscas…

2 El queso de tetilla

Por toda la zona antigua los veréis en muchos mostradores y tiendas de venta de productos típicos. Es un queso con denominación de origen y tradicionalmente presentado en forma cónica, de "tetilla". Es cremoso, de color amarillento y sabor fino y un poco ácido y muy suave al paladar.

3 La empanada gallega

Uno de los platos más típicos de Santiago, y de Galicia en general, la empanada gallega es una de las estrellas de la gastronomía y uno de los platos más internacionales. Es un tipo de hojaldre que se puede rellenar con casi cualquier cosa, los más populares incluyen carne, pescados como el bacalao, mariscos, verduras... También se puede convertir en postre como por arte de magia y, si no, probad la empanada de manzana…

01

02

03

El caldo

La huerta gallega ayuda a elaborar todo tipo de caldos tradicionales. El caldo combina los alimentos grasos como las carnes con las habas, vegetales de todo tipo, berzas, patatas y *grelos* (que es la hoja tierna y comestible del tallo del nabo), que también se utiliza en el famoso lacón con grelos, otro plato típico de la región.

El pulpo *á feira*

El pulpo es un alimento omnipresente en Galicia. El pulpo *á feira* le debe el nombre a su presencia en las ferias de Galicia y León. Se cuece lentamente y se prepara en rodajas, tradicionalmente en un plato de madera, aderezado con aceite crudo y pimentón. Una auténtica delicia.

La ternera

La ternera gallega es una de las carnes con indicación geográfica protegida, de las de mejor sabor y mayor fama en toda España. La clave de su éxito es que la típica raza rubia gallega es sacrificada muy joven.

El marisco

Los crustáceos y los moluscos gallegos son, posiblemente, la estrella gastronómica número uno de Santiago de Compostela y de toda Galicia. Su fama no sabe de fronteras. La lista de "joyas" que proporcionan las costas gallegas no tiene fin: nécoras, cigalas, percebes, bogavantes, camarones... Una exquisitez indispensable si el bolsillo os lo permite.

La tarta de Santiago

El postre más famoso, el que podrás encontrar por doquier en Santiago y, lo más importante, ¡que es delicioso! está elaborado a base de almendras, huevos y azúcar, aunque se le puede añadir limón o algún licor. Tiene forma esférica y se suele espolvorear con azúcar *glass,* dejando estampada una característica cruz de Santiago.

El vino

Con capital en Rivadavia, la denominación de origen Ribeiro goza de una merecida fama entre los amantes del vino. Otra joya vinícola es el Albariño, procedente de las Rías Baixas, para muchos uno de los mejores del mundo. En total son seis las denominaciones de origen vitivinícola en Galicia: Ribeiro, Sacra, Valdeorras, Rías Baixas, Ribeira y Monterrei.

El orujo

El aguardiente gallego, conocido como orujo, es otra de las bebidas alcohólicas de la región. Producido a base de "oujos", que es como se llama a los restos: pieles, semillas, etc., procedentes de las uvas después de ser prensadas, es un producto digestivo que ayuda después de alguna comida especialmente pesada, pero cuidado que tiene una alta graduación alcohólica...

Fórum gastronómico Santiago de Compostela

Se celebra en el recinto ferial de la ciudad (Amio) y se alterna la sede; en los años pares, en Santiago, y en los años impares, en Girona.

Este importante fórum gastronómico se viene celebrando con un innegable éxito desde 1999. Nació como un congreso diseñado especialmente para cocineros en el que se han presentado a lo largo de los últimos años diversos productos relacionados con la alimentación, también utensilios de cocina, maquinaria de hostelería, incluso la última moda, etcétera. El programa principal está compuesto de sesiones, charlas, conferencias y 'actuaciones' en directo que ofrecen cocineros de primera línea, todas ellas, por supuesto, en directo y de cara al público. En estas actividades los asistentes pueden catar vinos, dialogar con el resto de asistentes, probar las elaboraciones creadas por los cocineros y disfrutar, en general, de las enseñanzas de los maestros.

Congreso profesional

Además del programa que se desarrolla de cara al público general, este Fórum Gastronómico está impregado también de un carácter marcadamente atlántico en el congreso paralelo para el ámbito profesional de la hostelería donde se ofrecen y muestran recetas inéditas y diversos conceptos vanguardistas. Son varios los aspectos que componen este congreso:

Los **talleres,** que son largas sesiones en dos salas perfectamente equipadas para 80 personas, con traducción simultánea y proyector. Las **ponencias,** desarrolladas en sesiones de 30 minutos en salas para 400 personas. El **fórum dulce** que en una de las jornadas está dedicado a la repostería con la presencia de los mejores

maestros del momento. El **fórum vino,** que dedica otro de los días del congreso a las catas y al papel del vino en la cocina. También el **Mercado del Vino,** que fundamentalmente es un punto de encuentro de especialistas en la materia y enólogos en general y, por último, cabe destacar los **Diálogos,** en los que se reflexiona y se celebran mesas redondas y puestas en común con los asistentes sobre todos los temas enogastronómicos más actuales.

Iti-
nera-
rios

1

Ella misma lo merece.

La catedral de Santiago

Existe una única causa que justificó la fundación de Santiago: el Sepulcro del Apóstol. La catedral, desde el primitivo edificio erigido ya en el siglo IX, es el foco de atracción que dará lugar a las peregrinaciones y, con ello, a la ciudad misma.

Ella misma lo merece. La catedral de Santiago

Existe una única causa que justificó la fundación de Santiago: el Sepulcro del Apóstol. La catedral, desde el primitivo edificio erigido ya en el siglo IX, es el foco de atracción que dará lugar a las peregrinaciones y, con ello, a la ciudad misma. Casi desde el momento en que se conoció la noticia del hallazgo de los restos santos, reyes y obispos se esforzaron por engalanar el lugar, que se fue convirtiendo en centro espiritual del norte de la Península y en gran medida de buena parte de Europa. Restos arqueológicos son lo único que conservamos de los primeros templos aquí erigidos, el asturiano de Alfonso II y el quizá mozárabe de Alfonso III, pero desde que en el siglo XI se levanta la catedral románica, ésta ha mantenido su estructura mientras se le iban añadiendo fachadas, capillas, torres y otras estancias de diversos estilos que conforman el actual conjunto que hoy podemos recorrer.

Entre los años 820 y 830 d.C. el ermitaño Pelayo observó unas luminarias que indicaban un lugar en el monte. Se lo comunicó al obispo Teodomiro que apreció las mismas luces señalando el lugar y descubrieron una construcción funeraria que albergaba, según la tradición popular, los restos mortales del Apóstol Santiago Mayor y sus dos discípulos: Atanasio y Teodoro. Tras ese descubrimiento mítico el Rey Alfonso II mandó construir una pequeña capilla en aquel espacio sacro, siendo esa pequeña capilla la semilla, que tras más de un milenio, se convertiría en el inmenso "árbol" de piedra que es hoy la **catedral de Santiago.**

A la catedral le pasa como a la mayoría de las personas: las cicatrices y los años han dejado rastro en sus rostros y corazones. El moho de las esquinas y las plantitas, que surgen como milagro de vida de entre las junturas de las piedras, hablan de la humedad, de los muchos inviernos, de las infinitas lluvias que han caído sobre ella.

Casco antiguo y catedral de Santiago.

Los peregrinos, que desde las remotas noticias del hallazgo de los restos del Santo se fueron acercando tímidamente a rendir culto al Apóstol, han hecho crecer a la catedral y a la ciudad y por ende al comercio, desde siempre. Las campanas de la catedral y sus torres siguen siendo el centro del universo compostelano, simulando, sino superando, a la grandeza y espiritualidad de las ciudades-templo del sur de India que se asemejan a Santiago en la fe que destilan sus piedras.

El Camino de Santiago canalizó esta fuerza del pueblo, esta querencia por lo eterno del hombre, creando una ruta más o menos establecida que seguía la vía láctea uniendo la península con el resto del continente. Los peregrinos han cambiado, pero no el espíritu que los atrajo, la querencia de lo eterno, el tiempo en el camino pensando, las ilusiones y al final, ya cansados, observar la fachada de la Catedral, premio final para el peregrino.

La estructura románica comenzada a levantar en el siglo XI pertenece al tipo conocido como de peregrinación. Se trata de un templo con planta de cruz latina, con naves laterales que recorren todo el templo, incluso los brazos y la cabecera (girola), lo que permitía que los peregrinos accediesen al sepulcro, recorriesen las capillas y realizasen los rituales clásicos para conseguir el Jubileo sin entorpecer los oficios del altar mayor. Podemos decir que estamos ante un edificio moderno por su funcionalidad, que incluso trataba de ampliar el aforo mediante la tribuna que podemos admirar sobre las naves laterales. Si pensamos en aquellos sudorosos peregrinos medievales haciendo noche en naves y tribunas, pronto entenderemos que funcional era también uno de los más típicos símbolos de esta catedral: el **Botafumeiro** (1). Este gigante incensario mitigaba los olores y saneaba el aire mientras se desplazaba de punta a punta del transepto, impulsado por los *tiraboleiros*, de igual modo al que podéis verlo hoy que hace siglos.

01

Columna central (parteluz) del Pórtico, con la imagen del Apóstol Santiago.

La fachada de la catedral que da a la **plaza del Obradoiro, obviamente, la fachada del Obradoiro,** es, seguramente, la imagen más icónica de la ciudad y el éxtasis final para la mayoría de los peregrinos. Uno se puede quedar horas embobado observando las filigranas, la luz cambiante de sus recovecos, los claroscuros que el sol crea en sus ranuras, el paso del tiempo con forma, el festín de piedra que es la fachada principal de la catedral. La humedad de Santiago y su clima lluvioso hacen que en su superficie haya crecido un líquen anaranjado llamado *Cantoria paretina* que le da un color añejo, a veces amarillento, a veces de un marrón pastel. Debido a que está orientada hacia poniente la hora mágica lo es aquí doblemente, ya que al caer el sol naranja la fachada adquiere un halo místico e irreal que insufla de poesía a cuantos la han visto.

Otra de las peculiaridades de la fachada es que existe una cantidad impresionante de hierbajos y plantas que crece en las piedras, debido, sobre todo, a la combinación humedad-granito, y que le da un aire bohemio, romántico, y de antigüedad vital.

Se construyó en el siglo XVIII y es el más preclaro ejemplo de lo que se vino a llamar como "barroco compostelano". Obra de **Fernando de Casas Novoa** su función era doble; por un lado, sustituir la anterior fachada románica y, por el otro, proteger al Pórtico de la Gloria (del que hablaremos posteriormente) de las inclemencias del tiempo. La actual fachada aporta mucha más luz al interior de la catedral gracias a sus grandes ventanales.

En el centro, arriba, se encuentra la imagen del **Apóstol Santiago,** y a un nivel inferior observaremos las dos imágenes de sus discípulos Atanasio y Teodoro, todos vestidos de peregrinos. En la zona central se puede apreciar una urna (que representa el sepulcro encontrado) y una estrella (símbolo de las luminarias que vio el ermitaño Pelayo). Repartidas sobre las balaustradas se pueden ver las imágenes, a la izquierda, de Santa Susana y San Juan y, a la derecha, las de Santa Bárbara y Santiago Menor.

Pero si algo le da a la fachada su aspecto señorial e impresionante son sus torres. Ambas se alzan imponentes sobre la base que sustentó a las antiguas torres románicas y alcanzan una altura de 74 metros. La de la derecha se llama **Torre de las campanas** (1) y su construcción por el maestro Peña de Roca en 1688 es anterior a la de la fachada barroca. La de la izquierda, conocida como **Torre de la Carraca** (1) (porque desde ella se convocaba a los fieles en Semana Santa debido a la prohibición de hacer tañer las campanas), fue consruida por Fernando de Casas imitando a la de la derecha para obtener el delicado equilibrio simétrico que posee la fachada. Sin duda lo consiguió.

En la parte inferior de la fachada, dando acceso a la nave central, se encuentra la **escalinata** (2) proyectada por el arquitecto andaluz Ginés Martínez entre 1603 y 1606. A pesar de que la sensación es armónica en todo el templo esta escalinata era necesaria para salvar el desnivel entre la nave mayor y la plaza del Obradoiro. Esto se debe a que la catedral fue construida sobre una colina más pequeña que la propia catedral y no sobre una explanada sin desniveles.

Para observar la fachada nos hemos situado, quizá sin saberlo, en la plaza más importante de Santiago, la **plaza del Obradoiro.** Durante siglos fue taller y lugar de trabajo desde donde se construía siglo a siglo, con fe y piedra, la catedral. *Obradoiro* es la expresión gallega para denominar un taller o el lugar en el que se ejerce la profesión de artesanía. Por muchísimo tiempo el trasiego de obreros, polvo y arquitectos fue la norma.

La **plaza del Obradoiro** es, sin ninguna duda, una de las plazas más bellas del mundo. Flanqueada por edificios monumentales, parece una alfombra de piedra al servicio del templo.

01

02

Todo el día y toda la noche es cruzada por la gente local, los peregrinos, los turistas japoneses, los políticos que van y vienen, los sonidos de los músicos ambulantes y por un sinfín de gente pintoresca, incluyendo a la tuna, que cada noche entona serenatas bajo los soportales del **Pazo de Raxoi**... y, si les compráis algún CD seguro que lo agradecen. Es el centro neurálgico y sentimental de la ciudad. Todos los caminos comienzan y acaban aquí.

La plaza es grande, de unos 110 metros de largo por 70 de ancho. Austera, modesta y adoquinada aparece gris y encharcada tras las frecuentes lluvias. Da la sensación de que se aparta tímida para dejar que brille la catedral en todo su esplendor cuando, sentados en corros, los peregrinos se extasían ante el templo sagrado: cansados y felices al tiempo.

A la par en belleza e importancia sentimental para el peregrino que la fachada del Obradoiro es el **Pórtico de la Gloria.** Accederemos al interior de la catedral por la escalinata que da a la plaza del

Obradoiro. Este pórtico es una de las obras cumbre de la imaginería medieval. Fue construido por el **Maestro Mateo** y, en principio, estaba a la intemperie ya que aún no se había construido la fachada barroca. Para solucionar el problema del desnivel existente el maestro ideó una capilla hundida en el suelo, la cripta, que sirve como sostén del último tramo de la iglesia.

La rica policromía original se perdió, en parte, por un vaciado en yeso que se llevó a cabo a finales del siglo XIX para que una réplica del pórtico fuese exhibida en el museo inglés de Kensington. Actualmente una parte de la réplica del pórtico se encuentra en el **Victoria and Albert Museum** de Londres.

El sentido original de los tres arcos que conforman el **Pórtico de la Gloria** es el de la representación que del fin de los tiempos hace el *Libro del Apocalipsis* a través de las 200 figuras que forman parte de la espectacular y alegórica construcción.

Como curiosidad es interesante recordar que cada una de las puertas intentaba representar un tema en un orden concreto. Antiguamente la entrada principal era la norte, cuyas figuras y escenas representaban el Paraíso, la Caída en el pecado y el anuncio de la Redención. La puerta sur, la conocida como de Las Platerías, representaba la Redención y el Pórtico de la Gloria el Fin de los tiempos. Podemos imaginar la tremenda impresión que produciría, y que aún produce en el peregrino, el paso por el Pórtico y el aviso de que un día el mundo acabará y con él todas las posesiones materiales y morales.

El arco central del Pórtico de la Gloria está dividido por un parteluz y es una especie de libro sobre piedra. En la época de su construcción lo normal era ser analfabeto y las historias grabadas en piedra pretendían dar un mensaje claro y sencillo al pueblo. El **Santiago Sedente** que preside el arco parece dar una calurosa bienvenida al peregrino o visitante. Porta en la mano un bastón y una cartela en la que se puede leer "Me envió el señor". A la altura del capitel de la columna hay una representación de la Santísima Trinidad y las Tentaciones de Cristo, y en el fuste el **árbol de Jessé** representando la genealogía de Jesucristo. Y, sobre estas figuras, se encuentra la imagen de un hombre luchando con dos leones, para unos Hércules y para otros Adán. Sobre las ramas del árbol es tradicional colocar la mano sobre el mármol ya desgastado por la corrosión del sudor y la fe de los peregrinos, a cambio conseguirás tantos deseos como dedos tengas en la mano...

En el gran tímpano del arco central se halla un **Cristo resucitado** que muestra sus dolorosas llagas y, rodeándole, los cuatro evangelistas y, a sus pies, figurillas que bien podrían ser una representación de los creyentes cristianos.

Bordeando todo el conjunto se encuentran representados los **veinticuatro ancianos del Apocalipsis,** cada uno con un instrumento. En 1991, tras arduos trabajos artesanos para reconstruir los instrumentos que portan los ancianos, se celebró un concierto en presencia de Su Majestad la Reina D.ª Sofía, el primero con los instrumentos tal y como eran en el medievo. Actualmente, los instrumentos se encuentran en la cripta de la catedral.

En el conjunto de columnas que sujeta el tímpano en la zona izquierda están representados los profetas. Llama la atención **Daniel y su graciosa sonrisa,** para muchos una de las primeras del románico.

Sobre las arquivoltas del arco de la derecha se encuentra representado el **Juicio Final.** Las cabezas del Cristo, arriba, y del Arcángel San Gabriel, abajo, dividen en dos el arco. A la izquierda, los elegidos, a la derecha, los condenados al eterno tormento.

El arco de la izquierda está dedicado al enviado de Dios y a Adán y Eva rodeados por antiguos patriarcas, reyes y representantes del pueblo judío seguidores de Jesucristo.

Si nos damos media vuelta y le damos la espalda a los tres arcos encontraremos más figuras que representan a varias personalidades históricas: la reina de Saba, San Juan Bautista, San Marcos y San Lucas entre otros.

Pasado el arco central una figura, que mira hacia el altar mayor, llama especialmente la atención. Se supone que es el **autorretrato del Maestro constructor Mateo.** A esta conclusión se puede llegar si se observa la cartela que porta en la que se puede leer "Arquitectus". La verdad es que, al final, el Maestro Mateo ha sido convertido por la tradición compostelana en el **Santo dos Croques.** *Croques* es una expresión gallega que en castellano quiere decir coscorrón. La tradición dicta que para entrar al templo uno ha de golpearse, suavemente, tres veces contra la imagen en cuestión. También los padres llevan a los recién nacidos y golpean tres veces las cabezas de sus bebés, más suavemente todavía, para ver si se les pega algo de la inteligencia del gran maestro arquitecto…

En la zona de la figura del Maestro Mateo se encuentran algunas lápidas de grandes personajes relacionados con la catedral, como la del arzobispo **Pedro Muñiz,** que fue quien consagró la catedral en presencia del **rey Alfonso IX,** el 21 de abril de 1211.

Una vez hayamos cruzado el Pórtico de la Gloria, ya dentro de la catedral, seguiremos el perímetro del crucero interior en el sentido de las agujas del reloj, comenzando por la base izquierda del mismo.

Lo primero que encontramos tras unas escaleras descendentes es la **Capilla del Cristo de Burgos.** La preside la figura que le da nombre, un cristo copiado y tallado en Burgos en 1754.

Seguimos hacia la **Capilla del Sagrado Corazón** o **de la Comunión.** En esta capilla se repartían los títulos universitarios entre el siglo XV y XVII. La figura principal es la de una Virgen de alabastro, la **Virgen del Perdón.** Originalmente, a los pies de la Virgen, había una figura de Lope de Mendoza, arzobispo de Compostela del 1399 al 1445 y fundador de la capilla. Lo que veis hoy en día es producto de una gran reforma ordenada por el arzobispo Raxoi. Es de estructura neoclásica y posee una gran cúpula. El retablo que podéis contemplar perteneció a la **Capilla de las Reliquias.**

Si giramos a la izquierda y nos dirigimos a esa parte del crucero llegaremos hasta una pequeña capilla que tapa la que en su día fue la del Sagrado Corazón. En ella sorprende la figura del **Santiago Matamoros** en una actitud guerrera. Fue esculpida a mediados del siglo XVIII por Gambino. Recordad que durante siglos el Islam representó una amenaza para la supervivencia del Cristianismo y que la catedral era símbolo y castillo de la fe, a veces espoleando a los soldados contra los moros, y siempre refugio de los cristianos.

Inmediatamente encontramos la **Capilla de Santa Catalina** que en su día fue el panteón real hasta que los restos reales se trasladaron a la Capilla de las Reliquias. La capilla está dedicada a Santa Catalina de Alejandría y a la Virgen de Lourdes.

Al otro lado del brazo izquierdo vemos la **Capilla de San Antonio,** antiguamente sede de la parroquia de Fructuoso. Posee un retablo del siglo XVIII, una imagen de la Virgen de Fátima traída de la población portuguesa,y una Virgen polaca llamada Czestochowa, recuerdo del papa Juan Pablo II cuando visitó la catedral.

Junto a la Capilla de San Antonio existen dos más que nos llevarán a la pequeña iglesia de la Corticela; San Nicolás y San Andrés. La **Capilla de San Nicolás** fue reformada en el siglo XVIII para ser transformada en el pasillo que da acceso a la iglesia de Corticela. A la entrada de este pasillo se encuentra la **Capilla de San Andrés,** del siglo XVII. En ella se ven las imágenes de José, la Virgen del Carmen y la Virgen de Luján.

El pasillo conduce, tras pasar una escalinata, a la **Capilla de la Corticela** que, más que una capilla, es una pequeña iglesia dentro de la catedral cuyo centro espiritual es la imagen de la Virgen de la Consolación. Esta capilla era en el siglo IX un templo románico cer-

cano al sepulcro del Apóstol. La estructura actual se construyó entre los siglos XI y XIII y fue restaurada a mediados del siglo XX. En la Edad Media era la iglesia para los extranjeros que vivían en Santiago y en ella había traductores de varias lenguas. En el tímpano de la entrada hay una preciosa representación de los Reyes Magos adorando al Niño y al lado de la **pila bautismal** una de las tumbas más antiguas de la catedral de entre los siglos V y VII.

De nuevo en el crucero dos capillas más nos esperan en el brazo izquierdo. La **Capilla del Espíritu Santo o de la Soledad,** donde en su día estaba la puerta de Santa María. Capilla gótica y construida en el siglo XIII. La Virgen de la capilla es de 1666 y las gradas de plata del siglo XVIII. Y la última capilla del brazo izquierdo es la **de la Concepción** o de **La prima.** La imagen de piedra de la Virgen de la Capilla es del siglo XIV y sostiene en sus brazos a un pequeño Jesús con un crucifijo en sus pequeñas manos.

La girola

La girola es el conjunto de naves que circunda al altar mayor, centro y alma de cualquier iglesia o catedral. Enfrente de la entrada a la cripta encontramos la **Capilla de San Bartolomé** que posee un retablillo realizado por Mateo Arnao. Y justo enfrente está la entrada a la **cripta,** en el lugar tradicional en el que fueron encontrados por el obispo Teodomiro los restos del Apóstol. A veces se forman colas en la entrada pero merece la pena la espera ya que la cripta es la razón de ser, la reliquia más importante de la iglesia, y el corazón de la ciudad. Los fieles se arrodillan con devoción y se emocionan. La espiritualidad se respira en el ambiente... Unas estrechas escaleras descienden hacia la cripta. Algunos de los bloques de granito de la cripta fueron puestos en la época romana y son algunos de los más antiguos que se pueden ver en la catedral. El enterramiento

romano original tenía dos plantas, la superior era el oratorio y en la inferior, lo que hoy en día es la cripta, se albergaban los restos del Apóstol. La **urna de plata** que podéis observar fue construida en el siglo XIX y en ella descansan los restos tanto del Apóstol como de sus dos discípulos: Teodomiro y Atanasio. Sobre la urna una estrella representa la lluvia de estrellas de la noche del descubrimiento de los restos de Santiago Apóstol.

Una vez fuera de la cripta, si continuamos visitando la girola, junto a la capilla de San Bartolomé veremos la **Puerta de la Vía Sacra,** desde donde se puede apreciar, cruzándola y llegando a un pequeño patio, el exterior del ábside de la catedral.

Junto a la puerta está la **Capilla de San Juan Apóstol y Santa Susana** que están representados en el altar. E inmediatamente la

Camarín, detrás de la escultura del Apóstol.

Capilla de la Blanca o de los España en la que destaca el neogótico y "joven" altar del siglo XX, y la imagen de la Virgen de la Inmaculada del siglo XVIII. La siguiente capilla que encontramos es una de las más importantes y la más antigua de la catedral, la **Capilla de San Salvador,** construida en 1075 y conservando la estructura románica original. En los dos capiteles superiores de la capilla, grabado, se explica en latín el comienzo de las obras. Quizá debido a su cercanía con la puerta santa era aquí donde se expedía **la Compostela,** el certificado que acreditaba haber finalizado la peregrinación, exactamente igual que en nuestros días... Enfrente de la capilla se encuentra el lugar donde comulgaban los peregrinos extranjeros con la ayuda de los "lenguajeros".

La siguiente es la **Capilla de San Pedro.** En ella una imagen policromada de Judas Tadeo es muy venerada, por algo es el patrón de los casos difíciles y desesperados... La policromía de la imagen se escondía bajo varias capas de cal que se aplicaban en época de la peste y se restauró en 1998.

Si cruzamos el pasillo encontramos el **Camarín,** desde donde se accede a la imagen del Santo para darle un tradicional abrazo. Se pide respeto, no hacer fotos ni vídeos y no usar el móvil.

La última capilla de la girola es la **Capilla del Pilar.** Está en el lugar en el que en su día hubo dos capillas románicas. En 1713, tras varias obras, el arzobispo Antonio de Monroy se la dedicó a la Virgen del Pilar. Lo más sobresaliente de esta capilla es su decoración lujosa en mármol y jaspes y su cúpula octogonal.

Siguiendo nuestra ruta por el interior de la catedral en el sentido de las agujas del reloj, ya en el brazo derecho del crucero, se encuentra la **pila del agua bendita** procedente de la basílica del siglo IX. Según la tradición aquí abrevó el caballo de Almanzor cuando arrasó la catedral y robó las campanas, poco después, en este mismo sitio, el caballo cayó muerto por la gran osadía de su jinete. Justo al lado de la pila vemos la puerta que da a la **plaza de Quintana** y junto a ésta la **tumba de Teodomiro,** el obispo que reconoció que los restos encontrados eran, efectivamente, los del Apóstol y sus dos discípulos. También en este brazo derecho del crucero se encuentra el **Tímpano de Clavijo** en el que se representa la imagen de un Santiago Matamoros en la batalla de Clavijo del siglo XIII, un Santiago guerrero a caballo, rodeado de seis mujeres liberadas del emir de Córdoba en la tradicional ofrenda al califato. Y muy cerca dos puertas de estilo plateresco construidas por Juan de Álava en 1527, una que da a la **Sacristía**, la otra al claustro.

De vuelta al Pórtico de la Gloria, por donde entramos, se encuentran tres puertas que dan acceso al **claustro y el museo catedralicio,** y al **Pazo de Xelmírez.**

El crucero, el botafumeiro y la cripta del pórtico de la Gloria

El centro, del cual emana la espiritualidad de la catedral es, lógicamente, la **Capilla Mayor,** bajo cuya belleza residen los restos del Apóstol Santiago.

Perspectiva de la nave central del brazo mayor de la catedral.

La mayor parte del **Altar Mayor** es de estilo barroco. El diseño del **tabernáculo** y del **baldaquino** es obra del canónigo Vega y Verdugo que, tras un viaje por Italia, quedó muy impresionado por el baldaquino de Bernini, en la catedral de San Pedro de Roma.

En el techo del baldaquino cuatro ángeles "sujetan" la estructura. Y en cada una de las esquinas están las representaciones de las cuatro virtudes: Prudencia, Justicia, Fortaleza y Templanza. Y en el centro, amenazante, un Santiago a caballo.

El **Altar Mayor** fue rehecho tras las obras que se efectuaron para encontrar los restos del Apóstol en 1879 y en él la imagen de Santiago está en cada una de las tres maneras más comunes de representarlo. El **Santiago Sedente**, que es el que tradicionalmente es abrazado por los fieles y los peregrinos. Delante de esa imagen está la celdilla en la cual se encuentra una imagen de la Virgen Inmaculada, obra de Francisco Pecul. Encima del **Santiago Sedente** encontramos otra de las representaciones más repetidas de Santiago a lo largo de la historia: **Santiago Peregrino.** Y, por último, arriba del todo, el **Santiago Matamoros** y guerrero.

Flanqueando el altar se encuentran los dos **púlpitos** realizados por Juan Bautista Celma en 1538. Al lado del de la izquierda hay una estatua de Santiago Alfeo, al lado del de la derecha un limosnero de 1527 y una imagen de Santa María de Salomé.

En lo alto del crucero se encuentran las poleas que manejan y hacen oscilar el **botafumeiro,** el gigante incensario que es casi tan famoso como la catedral misma. Aunque, de hecho, son dos los incensarios que posee la catedral. El más antiguo (1851) fue creado en latón por José Losada para substituir a uno anterior, robado por las tropas de Napoleón. El otro es una réplica del más antiguo, donada en 1971 por la hermandad de los alféreces provisionales.

El **botafumeiro** (1) se usa en ocasiones especiales, y lo hacen oscilar los *tiraboleiros,* las personas que manejan el incensario. Su función es la de propagar el incienso, que se ofrece al Apóstol. Es espectacular ver a los *tiraboleiros* hacer oscilar al gran *botafumeiro* que parece volar por toda la nave central, y tan espectacular como su movimiento es la destreza y valentía con la que lo frenan. Puede alcanzar casi los 65 km por hora...

En Año Santo se hace "volar" el *botafumeiro* tras cada misa de doce. El resto de años se usa 24 veces al año coincidiendo con festividades religiosas y otras fechas importantes. Para conseguir la información más actualizada para saber si podéis ver al *botafumeiro* en acción la mejor opción es preguntar en las oficinas de la misma catedral.

A ambos lados de la nave central podemos observar los dos espectaculares **órganos** (2). Fueron creados por Miguel Romay en el siglo XVIII en estilo barroco. Están donde se encontraba el fastuoso **Coro Pétreo,** del cual podemos encontrar réplicas y piezas de esta magnífica obra de arte en el **Museo Catedralicio** (Plaza Platerías, s/n) La entrada se realiza desde la nave lateral derecha de la catedral. El vestíbulo inmediatamente posterior a la entrada lleva a dos de las capillas más importantes de la catedral, la capilla de las Reliquias y la del Tesoro.

01

02

La **Capilla de las Reliquias** posee un retablo impresionante datado en 1925 que ha suplido al anterior retablo barroco destruido por un incendio en 1921. Por todo el mismo se encuentran relicarios, urnas, bustos y todo tipo de relicarios de santos. Entre las reliquias se encuentra la *Caput Argenteum,* cabeza de plata que contiene asimismo la cabeza de Santiago el Menor, traída desde Jerusalén en el siglo XII. En la capilla también se encuentran las tumbas reales donde puede verse la tumba de Fernando II de León.

La puerta de enfrente da a la **Capilla de San Fernando** o **del Tesoro** donde se guardan diversas obras de arte, incluyendo la impresionante custodia profesional, elaborada en plata y sobre adornada por Antonio de Arfe entre 1539 a 1544.

Pasadas las capillas se llega al austero **claustro.** Esta obra plateresca es una de las principales de España, obra de Juan de Álava y de Rodrigo Gil de Hontañón de 1521 a

1555, y está dedicada a la Virgen María. Es también cementerio de canónigos y posee una interesante colección de lápidas relacionadas con la nobleza gallega. Existe acceso directo desde el claustro al Archivo de la catedral, que no se puede visitar a no ser que sea para investigar ya que posee, entre su rico patrimonio documental, un *Codex Calixtinus.* También en uno de los laterales del claustro se puede apreciar la **Capilla del Alba,** con un espléndido retablo y en el centro una fuente gallonada, la *Fons Mirabilis.* A continuación la biblioteca y después la **sala capitular** bellamente adornada por tapices flamencos de los siglos XVI y XVII realizados en Bruselas en el taller de Van der Hecke. Además, hay otros tapices, éstos realizados en la Real Fábirca de Tapices de Madrid. Esta sala fue destruida por un incendio en 1751 y fueron reconstruidos por Ferro Caaveiro, discípulo de Casas y Novoa. En una de las esquinas se colocaron las campanas de la torre del reloj.

Unas escaleras dan acceso a las tres plantas que completan el conjunto-museo de la catedral. En la **sala de la Balconada** se expone una serie de colecciones de tapices flamencos del siglo XVI y XVII sobre cartones de varios autores, entre ellos, Rubens. Otros tapices son producto de la Real Fábrica de Tapices de Madrid sobre cartones de Goya. Además es muy interesante asomarse a la balconada, que ofrece una bella vista de la plaza del Obradoiro y del

casco antiguo. En la **entreplanta** se encuentran diversas obras de arte relacionadas con la catedral y su historia. La **planta baja** es una especia de museo arqueológico. Consta de una colección de piezas arqueológicas encontradas en los alrededores de la catedral. Es una planta que, a través de maquetas y planos, os ayudará a comprender mejor la magna obra de la catedral, construida con esfuerzo y fe durante siglos.

Desde la planta baja podéis acceder, a través de la salida del museo, directamente a la plaza del Obradoiro.

Muy cerca desde aquí podemos llegar a la **tribuna,** que sube a un piso superior y recorre todo el perímetro del crucero.

Acabaremos el recorrido por esta fantástica construcción muy cerca de donde empezamos, al lado del **Pórtico de la Gloria,** la conocida como **Cripta del Pórtico de la Gloria.** La cripta fue la solución para salvar el desnivel existente entre la cabecera del templo y la nave mayor. Se accede a mitad de camino de las escalinatas que llevan al **Pórtico de la Gloria.** Se concibió como una pequeña iglesia con la estructura original de catedral románica, con planta en forma de cruz griega. La cripta estuvo dedicada a Santiago Alfeo y en una de las salas se conservan los instrumentos musicales, réplica de los que se encuentran en las manos de los 24 sabios del Apocalipsis que están representados en el Pórtico.

Aparte de la gran **fachada del Obradoiro,** tres fachadas más y la torre del reloj merecen ser apreciadas por su belleza, por su inmensa capacidad evocativa y por ver el ambiente que rodea al gran templo surcado siempre de turistas, peregrinos y personajes bohemios y pintorescos.

Mirando al sur y a la **plaza de las Platerías,** llamada así por los artesanos que trabajaban la plata en la plaza, se encuentra la preciosa **fachada de las Platerías.** Siempre animada por las cercanas escaleras, muchas veces llenas de turistas y peregrinos descansando, es la única de las puertas que esencialmente mantiene su estructura románica original. En su impresionante ornamentación algunos aspectos y figuras rompen el "relato" original que intentan explicar las figuras, ya que varias piezas fueron traídas de otras zonas, debido a remodelaciones, y encontraron acomodo en esta fachada haciendo el relato original difícil de seguir.

En el tímpano de la izquierda podemos observar un relieve de la **tentación a Jesús en el desierto** y el de una mujer semidesnuda con una calavera en el regazo. Existen dudas respecto al significado de esta última imagen. Puede hacer referencia a una leyenda de origen templario o cátaro en el que una mujer quedó encinta aún cuando ella aseguraba que no había tenido contacto con hombre alguno. Los padres la mataron para evitar la vergüenza de tener un nieto bastardo y, tras ser enterrada, parió una cabeza parlante que predecía el futuro. Dentro de la catedral, en un capitel sobre la parte alta del deambulatorio, se repite la imagen, pero en ésta la mujer sostiene la cabeza de un monstruo.

En el tímpano de la derecha se representan varias imágenes de la **Pasión de Cristo** y de la **Adoración de los Reyes Magos.**

En el friso del centro se pueden ver una imagen del Salvador, de Abraham y diversas imágenes más. En la jamba izquierda resalta una imagen de David tocando la vihuela, que es una especie de instrumento de cuerda parecido a la viola, en lugar del arpa. A la izquierda del portal del portal izquierdo se encuentran Adán

y Eva en el Paraíso que originalmente se encontraban en la fachada de la Azabachería.

La **torre del reloj** está situada en el costado derecho de la fachada de las Platerías. Fue levantada por orden del arzobispo Rodrigo de Padrón y acabada en tiempos de su sucesor Berenguel de Landoira.

La ejecución de la torre fue obra de Domingo de Andrade entre 1676 y 1680. La parte inferior está construida sobre la base gótica anterior. Sin embargo, conforme la torre se alza al cielo se va estilizando y ganando en gracia y filigranas. Además ha sido una torre-referencia para muchas otras construidas en Galicia.

En la **fachada de Quintana** encontramos dos puertas: la **Puerta Real**, llamada así por el escudo real que ostenta sobre ella, y la **Puerta Santa,** uno de los lugares sacros de la catedral. Está casi siempre cerrada, menos en año santo. Fue una de las siete puertas menores y se dedicó a **San Pelayo,** de hecho justo enfrente de la puerta está el **convento** dedicado al santo. El papel de puerta santa le fue concedido en el siglo XII cuando la catedral consiguió el *Xacobeo*. Sobre la puerta hay una figura de **Santiago** y, a sus lados, los discípulos Teodoro y Atanasio. En ambos lados de la puerta están representados **veinticuatro estatuas sedentes:** patriarcas, profetas y apóstoles. Estas figuras fueron traídas tras el desmantelamiento del coro románico del Maestro Mateo. Pasada la puerta se pasa a un pequeño patio y a la puerta propiamente dicha y, de allí, al ábside.

Esta fachada es la que da al norte, a la **plaza de la Inmaculada** o **Azabachería,** llamada así por la cantidad de artesanos que trabajaban y que aún trabajan el azabache en algunos pequeños puestos

Plaza de A Quintana. En el centro, la Puerta Santa.

de venta que resisten, auténticos y atemporales. La puerta es llamada *Entrada al Paraíso,* haciendo referencia al episodio de la condenación a través de las representaciones iconográficas que poseía la puerta y que observaban con devoción los peregrinos que llegaban desde el Camino Francés. Era la primera de las "lecciones" que aprendía el devoto, que debían completar con la visita a las otras dos puertas. En el siglo XVII, debido a un incendio, se desmanteló la antigua portada románica y algunos de los relieves que se rescataron están hoy en la fachada de Platerías.

Destaca en su ornamentación la **estatua de Santiago** y, bajo sus pies, **los dos reyes orantes,** que representan a Alfonso III y Ordoño II. En el centro, arriba, podréis ver la estatua de la fe.

La fachada que podemos observar hoy es de estilo neoclásico compostelano y fue comenzada por Lucas Ferro Caaveiro, Clemente Fernández Sarela y Ventura Rodríguez. Cuatro años después del

Plaza de A Inmaculada o Azabachería.

comienzo de la obra se encargó su continuación a Domingo Lois Monteagudo.

Para que la visita al conjunto catedralicio esté completa deberíamos entrar en el **Museo.** Desde la propia nave podemos acceder al Tesoro, Capilla de Reliquias y Panteón Real. Desde la plaza del Obradoiro se accede a la cripta y al resto de las salas. En ellas culminaremos nuestra visita con diversos objetos y documentos relativos a la historia de la catedral; destacan numerosas esculturas y en especial la reconstrucción del coro pétreo del Maestro Mateo en la sala de la Buchería. También recorreremos una de las mejores colecciones españolas de tapices, la Sala Capitular y su biblioteca y el amplio claustro del siglo XVI.

El Apóstol Santiago en traje de peregrino.
Obra del escultor Gambino. Sala Capitular.

El gran arzobispo y señor de Santiago, Xelmírez, nos legó aún otra excepcional obra con la que se acaba la ruta propuesta, un palacio románico, con sus abovedadas salas, que se volvieron a convertir en protagonistas de la historia de Galicia al reunirse aquí el primer parlamento autonómico en 1981.

Capítulo aparte merece la artesanía gallega. Desde tiempos inmemoriales los artesanos que rodean a la gran catedral han estado íntimamente ligados al crecimiento del peregrinaje. Por eso lo que se puede ver en la mayoría de establecimientos es un reflejo de esa fe que atrae a miles y miles de peregrinos cada año.

Son famosos los trabajos de los artesanos en azabache y plata, a veces combinando ambos materiales en una misma pieza. Los pequeños amuletos que tradicionalmente se han usado para evitar los males de ojo siguen existiendo desde los tiempos en los que la religión se mezclaba con la superstición, como por ejemplo la *figa,* una pieza con forma de puño cerrado en el que el dedo pulgar sobresale entre el dedo índice y el corazón.

Por otra parte, la orfebrería, que desde antiguo labran la plata, el oro y otros metales sigue teniendo un renombre internacional y un gran prestigio. De hecho la abundancia de plateros alrededor de la plaza de las Platerías le dio su nombre.

Hoy en día los orfebres producen, sobre todo, para los visitantes y peregrinos que se quieren llevar un recuerdo especial de su viaje a Santiago, pero en su origen se crearon para aportar a la catedral, en continua expansión, los adornos y ornamentos que necesitaba el templo. En la actualidad sólo una de aquellas tradicionales orfebrerías trabaja en la plaza de las Platerías, la mayoría de las cuales se ha ido a la periferia de la ciudad. También la cerámica proveniente de las cuatro provincias gallegas, la alfarería y la artesanía textil están representadas en las callejuelas alrededor de la ciudad antigua y la catedral. Caso muy especial en cuanto a la cerámica es el de la **Cerámicas Sargadelos** *(www.sargadelos.com)* con vajillas y adornos que recrean motivos populares. Esta gran compañía posee tiendas y galerías en toda España. En Santiago puedes encontrar sus productos en la **Joyería Malde**, Rúa do Vilar, 21 o en **Galería,** Rúa Nova, 16.

Iti-
nera-
rios

2 La ciudad histórica

Esta es una ruta para disfrutar con calma a la sombra de los impresionantes monumentos que nos encontraremos en el corazón de la ciudad.

La ciudad histórica

Esta es una ruta para disfrutar con calma a la sombra de los impresionantes monumentos que nos encontraremos en el corazón de la ciudad. Comenzaremos en la **plaza del Obradoiro** y **la catedral,** que ya tiene su propio itinerario y que aquí mostraremos someramente, y continuaremos callejeando hasta la Alameda, pasando por la mayoría de lugares de mayor interés y más historia a sus espaldas. Un auténtico viaje en el tiempo, sin olvidar, claro está, otros aspectos más mundanos de la existencia como algunas compras o el buen comer.

Durante siglos la plaza del Obradoiro fue taller y lugar de trabajo desde donde se construía siglo a siglo, con fe y piedra, la catedral. *Obradoiro* es la expresión gallega para taller o lugar en el que se ejerce la profesión de artesanía. Por muchísimo tiempo el trasiego de obreros, polvo y arquitectos fue la norma. La **plaza del Obradoiro** es, sin ninguna duda, una de las plazas más bellas del mundo. Flanqueada por edificios monumentales parece una alfombra de piedra al servicio del templo. Todo el día y toda la noche es cruzada por la gente local, los peregrinos, los turistas japoneses, los políticos que van y vienen, los sonidos de los músicos ambulantes y un sinfín de gente pintoresca, incluyendo a la tuna que cada noche toca serenatas bajo los soportales del Pazo de Raxoi. Es el centro neurálgico y sentimental de la ciudad. Todos los caminos comienzan y acaban aquí.

La plaza es grande, tiene unos 110 m de largo por 70 m de ancho. Austera, modesta y adoquinada aparece gris y encharcada tras las frecuentes lluvias. Da la sensación de que se aparta tímida y deja que brille la **catedral** en todo su esplendor cuando, sentados en corros,

los peregrinos se extasían ante el templo sagrado: cansados y felices. Enfrente de la plaza está la eterna catedral que merece una ruta en sí misma, y que os la damos en el itinerario "La Catedral de Santiago". Flanqueando a la Plaza encontramos diversos edificios que son ya parte de la vida e historia de Santiago de Compostela.

Uno de esos edificios es el **Pazo de Xelmírez** que se apoya, casi se acopla, en el lado norte de la catedral dando a la **plaza del Obradoiro.** Se accede a él por el Arco de Xelmírez que se encuentra bajo el palacio. Se trata de un curioso paso cubierto por bóvedas nervadas protogóticas. El palacio fue mandado construir por el arzobispo Diego Xelmírez en el siglo XIII para sustituir un palacio anterior, destruido en parte por unas revueltas populares contra este mismo arzobispo y contra la continua acumulación de poder de las altas jerarquías eclesiásticas. Es el testimonio de los tiempos del románico. Excepcional ejemplo de arte civil, sus salas abovedadas y de gruesos nervios fueron el marco de la actividad de ese gran personaje, el arzobispo Xelmírez, que con aires de rey dominó la Galicia de su tiempo y dotó a la ciudad de las bases para su apogeo. En su

azarosa vida coronó a Alfonso rey de Galicia (el que luego sería Alfonso VII de Castilla), dirigió flotas y guerreros y consiguió del Papa la concesión de las indulgencias con las que se beneficiarán los peregrinos jacobeos. En el siglo XVIII sufrió varias modificaciones y se le añadió una planta. Nada más cruzar la puerta podemos admirar el primitivo arco románico que quedó oculto tras las reformas del siglo XVIII. En el segundo piso hay una cocina medieval y un interesante salón de fiestas del siglo XIII. Fijaos en las ménsulas sobre las que se apoyan los nervios de los arcos en los que invitados de piedra disfrutan de un auténtico festín…

También en la plaza del Obradoiro encontramos el **Hostal dos Reis Católicos.** Fue construido a instancias de Isabel de Castilla y Fernando de Aragón después de su visita a la ciudad. En sus cinco siglos de historia pasó de cobijar a los peregrinos a convertirse en el majestuoso hotel-parador que hoy alberga. Su hermosa fachada plateresca asombra por la calidad y detalle de su trabajo en granito,

Hostal Reyes Católicos

digna entrada a un interior donde podemos admirar la capilla, los caprichosos arcos y los bellos patios que Enrique Egas trazó a comienzos del siglo XVI. La construcción del hostal fue ideada coincidiendo con el descubrimiento de América en 1492, pero las obras no se comenzaron hasta el 1501 ordenadas por los Reyes Católicos como hospital para atender a los enfermos y a los peregrinos.

Destaca sobre el macizo conjunto la **portada plateresca** construida por los maestros franceses Martín de Blas y Guillén de Colás.

Flanqueando la puerta se encuentran dos escudos con las armas de Castilla. En las pilastras de la puerta, de abajo a arriba, podemos ver las imágenes de: Adán, Santa Catalina y San Juan Bautista, en la izquierda; y en la derecha las de: Eva, Santa Lucía y María Magdalena. En el friso de la puerta, en forma de arco, están representados los doce apóstoles. Y en las pechinas sobre el arco, en unos medallones, están inmortalizados los Reyes Católicos. Sobre el friso, arriba, se pueden ver los ventanales que dan al aposento real, que era donde dormían los Reyes Católicos en sus visitas a Santiago de Compostela. Flanqueando el aposento real vemos las imágenes de Cristo, la Virgen, Santiago, San Juan Evangelista, San Pedro y San Pablo.

Surcando la zona frontal cruzan el Palacio los balcones diseñados por Fray Tomás Alonso cuyas ménsulas fantasiosas están plagadas de imágenes y filigranas. Sobre la cornisa sobresalen fantásticas gárgolas.

El interior rectangular está dividido en cuatro grandes estancias. El Hostal posee también una bella capilla ojival, dentro de la cual destaca el crucero al que se accede a través de un precioso enrejado, obra del cerrajero francés Maestro Guillén.

Otro de los edificios señoriales que flanquean la plaza del Obradoiro es el **Pazo de San Xerome** (1). Es la sede del Rectorado de la Universidad y marca también cinco siglos de historia del otro motor que mueve a la ciudad de Santiago de Compostela, el estudiantil. Con origen en el antiguo Estudio Vello, ubicado en las proximidades de San Martiño Pinario, del edificio original del siglo XV sólo se conserva la portada románico-ojival tardía, trasladada a mediados del XVII a este nuevo emplazamiento. En ella sobresalen las imágenes de Santiago, San Juan y San Francisco en la jamba izquierda, y las de San Pedro, San Pablo y San Mauro en la de la derecha. Sobre la arquivolta está el escudo de los Fonseca, los grandes mecenas del Renacimiento en Compostela.

Fue creado por el arzobispo Fonseca III para los estudiantes pobres y en aquella época era conocido como *Estudio viejo*. Cuando los

01

monjes de San Martiño compraron los terrenos construyeron el edificio actual. En la entrada hay una portada románico-gótica en cuya arquivolta se encuentra la Virgen con el Niño rodeada de santos. En el tímpano destaca la Inmaculada y sobre la portada se encuentra el escudo.

Cerrando la plaza, enfrentándose a la catedral, se encuentra el **Pazo de Raxoi** (1) el contrapunto racional y clasicista frente a los excesos del barroco que marca ya la entrada en la época contemporánea en la que se convertirá en Casa Consistorial y, desde hace no muchos años, en sede también de la Presidencia de la *Xunta* de Galicia. Sobresaliente y precoz ejemplo del neoclásico gallego, este palacio de corte versallesco fue construido por el arquitecto francés Lemaur como seminario de confesores y residencia de músicos y niños del coro catedralicio. Se levanta sobre

la antigua muralla, al ser derribada la vieja *Torre da Praza,* cárcel hasta este momento. La regularidad de la planta de este palacio se ve alterada para mantener en su parte posterior la curiosa iglesia de San Fructuoso. Merece la pena fijarse en las esculturas que la coronan realizadas por Gambino y que representan a las cuatro virtudes cardinales: Prudencia, Justicia, Fortaleza y Templanza, que la tradición popular identifica con las cuatro sotas de la baraja española. Es interesante el interior con bonita cúpula barroca. Fue mandado construir por el Arzobispo Raxoi en 1766 como residencia para los niños del coro y el seminario. Su estructura es alargada, con una marcada horizontalidad. En el centro hay un frontón con un relieve de la Batalla de Clavijo, obra de Gambino y Ferrero. En el interior lo más destacable es la escalera rococó que fue diseñada por Lemaur. Actualmente es la Sede del ayuntamiento, del consejo de cultura gallega y de algunos despachos de la Xunta de Galicia.

De entre todas las plazas de Santiago, las tres que rodean a la catedral son las más visitadas e interesantes.

Comenzamos por la **plaza de la Inmaculada** o **Azabachería.** El costado más importante de esta plaza es el que da a la **fachada de la Azabachería,** de la que ya hablamos en la descripción de la catedral. Aún quedan algunos puestos que venden Azabache, ya que en un pasado fue la principal actividad en la plaza. El trabajo del azabache medró porque era muy apreciado por los peregrinos. De esa artesanía local le viene el nombre a la plaza. En uno de sus flancos se encuentra el **monasterio de San Martiño Pinario.** Para muchos este monasterio es el segundo recinto sagrado en importancia en Santiago tras la Catedral porque se trata de una obra barroca, con dos pesadas torres a sus lados y del monasterio más grande de Galicia y se dice que de España tras El Escorial (en efecto, en la actualidad alberga al Seminario Mayor, una imprenta, una residencia de estudiantes, un centro de exposiciones, etc.). Fue fundado por un grupo de Benedictinos poco después del descubrimiento del sepulcro. Su mayor expansión comienza en 1494 cuando pasa a ser propiedad de la congregación Benedictina de Valladolid, que proporcionó las riquezas suficientes para embellecer la iglesia, que es, junto a la catedral, máxima expresión del barroco compostelano. Su monumental fachada cierra la plaza de la Inmaculada.

Fueron varios los arquitectos que trabajaron en la construcción de la iglesia del monasterio, pero el que ideó las primeras trazas primitivas fue Mateo López; y quien construyó la cúpula y la estructura interior fue Bartolomé Fernández Lechuga.

Sobre la puerta nos encontramos con una elaborada **portada plateresca.** En la zona central, entre la puerta y el óculo, podemos contemplar las imágenes de la Virgen, San Bieito y San Bernardo. En el frontón se encuentra San Martiño compartiendo su capa con un pobre.

Las **torres** son pequeñas y no superan la altura de la fachada para que la basílica no perdiese visibilidad.

El benedictino Plácido Camiña construyó las escaleras que salvan el desnivel del terreno, posiblemente diseñada basándose en la escalinata que da entrada a la catedral desde la plaza del Obradoiro.

01

En planta tiene forma de cruz latina, con tres naves en el brazo principal y uno en el trasversal, y está recorrida toda ella por una tribuna. A cado lado del brazo longitudinal se encuentran varias capillas unidas entre sí.

Dentro de la iglesia todos los ojos se van hacia el increíble **retablo de estilo barroco (1).** Fue diseñado por F. de Casas y Novoa y ejecutado por Romay. Pero este no es el único retablo que merece la pena ser apreciado. Cerrando el frontispicio hayamos dos retablos: en el norte el de San Bieito y en el sur el retablo de la Virgen Inglesa.

Repartidos por el espacio interior de la iglesia se encuentran otros retablos de una factura exquisita: el retablo de la capilla del Socorro, el de Santa Escolástica, el del Cristo de la Paciencia y el de Santa Xertrude.

Y no os vayáis sin echarle un vistazo a la sillería de nogal del coro, creada por Mateo de Prado, y que es una de las más importantes y bellas sillerías de Galicia y del resto de España.

01

En realidad, el conjunto del monasterio es sencillo y austero. La excepción, como habréis podido deducir de esta descripción, es la fachada, a la que se accede por una gran escalinata. La fachada está dividida en tres partes y el eje central está flanqueado por dos grandes lienzos. La portada está protegida por unas columnas dóricas en las que encontramos a San Bieito, el escudo de España rodeado de vieiras y una figura de San Martín de Tours.

El edificio dejó de ser monasterio a mediados del siglo XIX. Actualmente en su interior se desarrollan varias actividades y sus dependencias acogen varios organismos tales como el Seminario Mayor y la Escuela de trabajo social y los estudios de Teo.

La **plaza de Quintana** (1), a diferencia de la institucional plaza del Obradoiro, es un espacio vivido por los compostelanos y sus escaleras son habitualmente usadas como improvisado lugar de descanso y tertulia, principalmente por grupos de estudiantes, aunque la plaza también atrae por las actividades que a lo largo del año, principalmente en verano, se desarrollan en ella como conciertos musicales, certámenes de baile, fiestas del traje regional o festivales *folk* o simplemente por las posibilidades de disfrutar de algunas de las terrazas exteriores de cafés-pubs con un emplazamiento más interesante de la ciudad.

Una de las peculiaridades de la plaza es que está "partida" en dos niveles separados por una escalinata. La parte de abajo es la conocida como **Quintana de los Muertos** y la parte de arriba la llamada **Quintana de los vivos.**

El frente sur de la plaza está ocupado por la **casa de los canónigos** o **Casa da Conga,** construida por Domingo de Andrade, que también construyó la Torre de Berenguela que se ve desde la plaza. Al otro lado de la plaza está la **casa de la Parra** y por último, al este, está la pared de ventanas enrejadas del **monasterio benedictino de San Paio de Antealtares.**

Los orígenes del monasterio se remontan al siglo IX, poco después del descubrimiento de los restos del Apóstol. Alfonso II lo mandó construir para albergar a los doce monjes benedictinos que cuidaban el santo sepulcro.

El muro que da a la **plaza de Quintana** es una mole de piedra sobria y lisa. En el centro hay una lápida que recuerda al "Batallón literario" compuesto por universitarios gallegos que se alzaron a las armas contra las tropas de Napoleón. En la fachada opuesta está la portería y en su esquina la conocida como puerta de los carros.

En el 1499 los monjes benedictinos abandonaron el templo y fue ocupado por monjas de clausura. En esa época se dedicó el templo a San Pelayo, niño mártir venerado en Córdoba. La imagen del niño degollado se encuentra en la fachada del templo.

En la iglesia de planta de cruz griega destaca el retablo del altar mayor.

El Museo de Arte Sacro

Dentro de las dependencias del monasterio, cruzando la iglesia, se llega al museo. Parte del legado cultural de esta comunidad benedictina se encuentra recogida en el museo.

Entre varias piezas de incalculable valor e importancia histórica hallamos un cristo del siglo XIII que perteneció a la iglesia románica o un relicario de plata que conserva el brazo de San Pelayo. El museo cuenta, también, con una gran cantidad de pinturas, piezas de escultura, orfebrería, ornamentos litúrgicos y todo tipo de ornamentos. Un museo íntimo y que ha hecho que el binomio espiritualidad-arte consiga aquí ser una realidad.

La tercera de las plazas que rodean a la catedral es la **plaza de Platerías.** Lo primero que llama la atención es la **fuente central,** en la que cuatro caballos marinos (con sus respectivas aletas), sostienen el arca con los restos del Apóstol.

Aparte de la fachada de la catedral la plaza está cercada por el antiguo Banco, que ahora alberga exposiciones temporales, a la espera de que construyan el museo de la ciudad, y por la **Casa del Cabildo,** que de hecho es falsa. Sólo tiene dos metros de profundidad y no hay nada dentro. Se construyó exclusivamente para acabar la plaza y darle un toque de definición con tres de los cuatro costados edificados.

A ambos lados de la plaza aún podemos encontrar plateros artesanos, que medraron en su día con el negocio de la plata y cuya incansable actividad da nombre a la plaza.

Las escaleras que conducen a la puerta de la catedral, cuando hace buen tiempo, se convierten en improvisada área de descanso para turistas y peregrinos, o zona de espectáculos callejeros con magos, humoristas o títeres.

Desde la fuente se comienzan las visitas guiadas a pie por el casco histórico de la ciudad.

En el comienzo de la **rúa do Vilar** se haya la **Casa del Deán.** Más que casa es un palacete del siglo XVIII obra de Fernández Sarela que fue hospedaje de obispos y ahora es la **oficina central del peregrino,** donde se expide la Compostela, el certificado que acredita que se ha efectuado la peregrinación en su sentido cristiano.

Si continuamos por la **rúa do Vilar** nos encontraremos, aparte de la **Casa del Deán,** con magníficos caserones señoriales renacentistas, barrocos y neoclásicos. Todas ellas poseen escudos nobiliarios de las importantes familias que vivieron allá y estupendos trabajos de forja tradicional y cantería. En dirección a la **plaza Toural** nos encontramos con varias: **Fundación Torrente Ballester** (rúa do Vilar, 7), **Fundación Caixa Galicia** (rúa do Vilar, 19), **Pazo de Monroy** (rúa do Vilar, 18) y el **Pazo de Vaamonde** en el 59. Capítulo aparte merece el antiguo **Casino de los Caballeros** en el 35. En su día centro de reunión y club de elites fundado en 1876. Hoy en día su interesante cafetería está abierta al público. Vale la pena observar la decoración y los relieves de figuras mitológicas.

En este punto no está de más recordar que nos encontramos en el centro de las compras en Santiago de Compostela. Bajo el nombre de *Centro Comercial Abierto Compostela Monumental* se encuentran asociados gran parte de los establecimientos del casco antiguo de Santiago de Compostela. Esta asociación se creó para gestionar y defender los intereses de los establecimientos situados en la zona monumental y patrimonio de la humanidad. Además posee muchísima información sobre los establecimientos asociados, incluido un buscador de locales y diferentes productos.
www.compostelamonumental.es

Paseando por el casco antiguo de la ciudad se puede encontrar de todo: tiendas de *souvenirs,* joyas, moda, grandes marcas, zapaterías, tiendas gastronómicas, etc., y han tomado de los centros comerciales una serie de ventajas para el usuario como descuentos en aparcamientos, envíos a domicilio, señalización unificada, etc.

Las principales arterias comerciales de la ciudad antigua son:
Rúa Nova
Rúa Vilar
Rúa San Pedro
Rúa Caldeirería
Rúa Preguntoiro

Y las principales plazas comerciales:
Plaza Toural
Plaza Cervantes
Las plazas que rodean la catedral

Pasada la **sede de Turismo de Santiago** *(www.santiagoturismo.com)* llegamos a la **plaza de Toural** (1). La plaza era un antiguo punto de venta de ganado y de aprovisionamiento de agua. En 1822 se construyó la fuente y se pueden observar los aspectos más clásicos de la arquitectura de la época: los soportales contra la lluvia, el pavimento de granito y las galerías cuya misión era controlar la luz y la temperatura de las estancias interiores. Los balcones son señoriales y en las casas aún se pueden apreciar algunos escudos. Sobresale del conjunto el **Pazo de Bendaña,** del siglo XVIII y obra de Clemente Fernández Sarela. En su fachada un atlas sostiene la bóveda celeste. Actualmente alberga la **Fundación Granell** y el museo del mismo nombre, que muestra y conserva el legado artístico del surrealista gallego Eugenio Granell.

01

Paralela a la **rúa do Vilar** corre la **rúa Nova,** a la que se le sigue llamando nueva a pesar de los ochocientos años que lleva a sus espaldas… En la *rúa Nova* destacan la **Casa das Pomas** y el **Pazo de Santa Cruz.** Y muy cerca de estas casonas encontramos dos de los teatros más importantes de la ciudad, el **Teatro Principal** y el **Salón Teatro.**

Tranquila entre las casonas encontramos la **iglesia de Santa María de Salomé,** la única dedicada en España a la madre de los apóstoles Santiago y Juan Evangelista.

Es curioso ver el atrio cubierto que ha sobrevivido a los derribos de soportales que protegen el paseo. La iglesia barroca conserva una fachada románica con una virgen sedente del siglo XIV. A ambos lados aparecen unas imágenes de la Inmaculad y, si os fijáis, la Virgen está representada con un incipiente embarazo… En la misma *rúa Nova,* por si estáis saturados de santidad y templos, os recomendamos un **mercadillo** al aire libre que abre todos los días de 10 a 20.30 h. Es un mercadillo *hippie* perfecto para pequeñas compras: bisutería, cuero y pequeños objetos artesanos.

De la *rúa Nova* nace la **rúa Tras Salomé,** donde nos espera el **Pazo de Fonseca.** En esta casona de mediados del siglo XIV vivieron las familias que dieron tres arzobispos, uno de ellos fundador de la Universidad de Santiago. Obra del arquitecto Gil de Hontañón aún se conserva de su estructura original el bajo decorado por medallones. Y muy cerca del *pazo* se encuentra el **Colegio de las Huérfanas,** también conocido como el **Convento de los Remedios,** que fue fundado en el siglo XVII y reformado en el XVIII.

Si continuamos por la calle Cardenal Payá llegaremos a la **plaza de Mazarelos,** donde se conserva el único arco de la muralla medieval. La muralla se derribó en el siglo XIX, ya que había perdido su sentido defensivo original. Contaba con siete puertas que restringían y controlaban el acceso de personas y mercancías. Sin embargo, éste arco permanece, solitario, debido a que el ayuntamiento aforó y apuntaló partes del muro para ampliar viviendas colindantes.

A través del arco se puede ver la fachada del **Convento de las Madres mercedarias,** fundado en el siglo XV. El relieve de la entrada representa una Anunciación y fue obra de Mateo de Prado.

01

Para la mayoría de Compostelanos el edificio que alberga la **Facultad de Geografía e historia** (1) "es" la universidad. Es una austera y maciza construcción neoclásica. Se le añadió un piso entre los siglos XIX y XX y fue entonces cuando se adosaron las estatuas de los fundadores de la casa de estudios y se retiró la estatua original de Minerva. Sin embargo, la primera sede de la universidad residía en el **Colegio Fonseca,** muy cerca de la plaza del Obradoiro.

Contigua a la facultad está la **iglesia de la Universidad o de la Compañía** (2). Perteneció a los jesuitas hasta 1767, cuando se les expulsó. Entonces las figuras que representaban a San Ignacio y

02

San Francisco Javier fueron convertidas en las de San Pedro y San Pablo. Aparte de los interesantes retablos barrocos, en el interior se desarrollan puntualmente exposiciones relacionadas con la actividad universitaria.

Si desde la facultad nos dirigimos hacia el mercado obtendremos una vista estupenda del conjunto monumental conocido como **Convento de Belvís** y el **seminario menor.**

El convento fue reedificado por el arzobispo mexicano Monroy, de la orden de los Dominicos. La iglesia fue ideada por el maestro Fernando de Casas y Novoa. Hoy en día las monjas dominicas descalzas siguen habitando el convento y preparan unas deliciosas pastas de té que se pueden comprar allí mismo.

En el mismo parque está el **Seminario Menor** que está construido sobre la cima de una de sus colinas y destaca en el perfil de la ciudad. Fue construido en los años cincuenta del siglo XX y aúna varios estilos arquitectónicos, en boga con el eclecticismo de la época.

Si continuamos hacia la **plaza de Abastos** (1) nos encontramos con la **iglesia de San Fiz de Solovio,** una de las más antiguas de la ciudad. El *Codex Calixtinus* la menciona ya entre las iglesias que tenía la ciudad en el siglo XII y de esa época sólo conserva la portada. Según la tradición está edificada en el lugar que ocupó la **ermita de Paio,** el descubridor del sepulcro del Apóstol en el siglo IX. El tímpano es una preciosa adoración policromada de 1316. El resto de la iglesia es de estilo barroco compostelano.

Llegaremos en un breve paseo al **Mercado de abastos** (2)**,** que está abierto cada día excepto los domingos. En el lugar original de la huerta del conde de Altamira, desde 1873, se desarrolla una

01

02

01

actividad frenética en la que se compra y venden conejos vivos, flores, semillas o plantas. Un fascinante espacio de vida compostelana.

El mercado de Abastos es, en resumidas cuentas, un buen lugar para comprar todo tipo de comestibles. Además en la mayoría de establecimientos os pueden preparar lo que compréis para llevar y disfrutar en vuestra casa. Una de las tantas peculiaridades del mercado es la de las paisanas, productores agro-ganaderos que venden directamente su propia cosecha. Es un mercado apreciado por los ciudadanos de Santiago y por los visitantes y es, en sí mismo, un lugar interesante por el que callejear y observar el trajín diario.

En la cercana plaza de San Agustín está el **Convento de San Agustín** que fue construido entre 1633 y 1648. En la fachada de la iglesia no puede uno evitar observar las torres inacabadas: la izquierda dañada por un rayo en 1788 y la derecha que nunca se acabó. Si tomamos la calle Travesa llegaremos a la **iglesia de Santa María del Camino,** que está dedicada a la patrona de los peregrinos y reedificada en el siglo XVIII. Destaca en su portada el óculo acristalado y en su interior el retablo mayor del siglo XVIII. Aquí desembocan los peregrinos que trae a los caminantes del *Monte do Gozo* por el *barrio de Concheiros* y la *rúa San Pedro.*

Enfrente del casco histórico, inmediatamente extramuros, resguardados por el Parque de Santo Domingo de Bonaval, llegamos al **Centro Gallego de Arte Contemporáneo (CGAC)** (1) y al convento de **San Domingos de Bonaval.**

El **Centro Gallego de Arte Contemporáneo (CGAC** *www.cgac.com)* está abierto desde 1993 y con programación estable desde 1995. Su cercanía a varios monumentos de vital importancia para la historia gallega hace del museo y los alrededores un espacio bellísimo. El edificio así, de líneas lisas y sólidas, fue construido por el portugués Álvaro Siza. Su interior, austero y de luces indirectas, da el toque discreto y perfecto para que las obras de arte sean las verdaderas estrellas del museo.

Las funciones del CGAC son bien claras: dar voz a lo último en arte, al arte más radicalmente moderno y trasgresor y, por otro lado, recuperar, mediante retrospectivas, lo mejor del arte de las últimas décadas sin olvidar una especial atención a los artistas gallegos.

Junto al CGAC está el **Convento de San Domingos de Bonaval (1)**, hoy en día sede del **Museo do Pobo Galego** *(www.museodo-pobo.es)*. Fue fundado en el siglo XIII por Santo Domingo de Guzmán y reconstruido en estilo barroco en los siglos XVII y XVIII. Alberga en su interior el museo del pueblo gallego y el panteón de gallegos ilustres. Estaba estratégicamente colocado junto al camino por el que los peregrinos llegaban a Compostela. Hoy en día ofrece un amplio y diverso universo de objetos que recorren la historia de Galicia desde diferentes ópticas. Sus salas permanentes muestran diferentes aspectos de la cultura e historia gallega: el mundo del mar, los oficios tradicionales, el campo, la arquitectura tradicional entre otros. Además se organizan exposiciones temporales de diversas temáticas.

El museo se inauguró en 1977 auspiciado por varios organismos que se unieron para su creación. El edificio fue cedido por el ayuntamiento de Santiago.

En la iglesia aneja, construida al mismo tiempo que el convento, se encuentra el panteón de los gallegos ilustres. En el panteón residen los restos de la poetisa Rosalía de Castro, del político Alfredo Brañas y de otros ilustres.

Acogiendo a estos dos grandes museos-monumentos nos saluda el parque de **San Domingos de Bonaval,** que a su vez está sobre el antiguo cementerio dominico, y que se recuperó como parque según el proyecto del arquitecto Álvaro Siza. Desde aquí se puede disfrutar de interesantes vistas sobre los tejados de la ciudad. Originalmente los dominicos le dieron al espacio una triple función: huerta, cementerio y robledal. Hoy en día la remodelación del parque ha sido un clarísimo éxito de una sensibilidad exquisita. Verde

01

parque, ondulado y salpicado de caminos, fuentes, canales y pequeños aljibes.

De nuevo hacia el corazón del casco antiguo, tomando la *rúa das Casas Reais* y luego la *rúa das Ánimas,* desembocaremos en la **plaza de Cervantes.**

La plaza era conocida desde el siglo XII como *el Foro,* por ser el lugar de reunión habitual en el que los pregoneros leían los acuerdos municipales y las ordenanzas del Obispo. Es por esta tradición que una de las calles cercanas de rica actividad comercial se llama rúa del Preguntoiro.

El **antiguo ayuntamiento** ocupó aquí su lugar por casi doscientos años, hasta que pasó al **Palacio de Raxoi.** Es el único edificio municipal barroco que se conserva intacto. Su interior se restauró y ahora están en perfecto estado las antiguas escribanías, el oratorio, el archivo y las mazmorras. Se sabe que en esta plaza se ejecutaban los actos de fe de la Santa Inquisición hasta 1570. En la plaza se situaba el rollo o columna ante el cual se impartía "justicia", y a cuyos pies se encontraba el patíbulo…

La plaza pasó a llamarse "plaza del Campo" porque era allá donde se compraban y vendían los productos alimenticios y adquirió categoría de mercado principal, hasta que el mercado pasó a la plaza de Abastos y se la bautizó con el nombre actual de plaza Cervantes. Un busto del escritor corona la fuente de la plaza. Si tiramos por la *rúa da Troia* llegamos a la casa del mismo nombre. La casa es una antigua pensión que fue inmortalizada por Pérez Lugín en su novela homónima, escrita en 1915.

La calle acaba en la plaza de San Miguel dos Agros en la que encontramos una iglesia del siglo X. Al otro lado de la plaza se encuentra uno de los mejores y escasos ejemplos de gótico civil que posee la ciudad, la conocida como **Casa Gótica** o **Casa del Rey Don Pedro.** En su interior alberga el **Museo das Peregrinacións** *(www.mdperegrinacions.com)*

El Museo de las Peregrinaciones se creó en 1951 bajo la iniciativa de Manuel Chamoso Lamas, sin embargo su apertura definitiva fue en febrero del 1996. Está ubicado en la conocida como *Casa Gótica* en el siglo XIV. En las ocho salas de las que dispone se intenta transmitir la importancia del Camino de Santiago para España y el resto de Europa.

Sala I. La peregrinación: un camino ritual de peregrinación.
Sala II. Orígenes del culto jacobeo: la traslación del cuerpo de Santiago.
Sala III. Santiago, catedral y ciudad: el sepulcro del apóstol como generador de la urbe contemporánea.
Sala IV. Peregrinos a Santiago: caminos y ritos.
Sala V. Iconografía de Santiago: la imagen de Santiago en la historia.
Sala VI. Gremios y tradiciones artesanas en Santiago.
Sala VII. Grabados compostelanos.
Sala VIII. La armonía del Universo: la musicalidad del pórtico.

En sentido contrario la **plaza de San Miguel** conecta con la de San Martín Pinario y la impresionante fachada de la iglesia del **monasterio de San Martín Pinario** (1).

Para muchos este monasterio es el segundo recinto sagrado en importancia en Santiago tras la catedral. Fue fundado por un grupo de Benedictinos poco después del descubrimiento del sepulcro. Su mayor expansión comienza en 1494 cuando pasa a ser propiedad de la congregación Benedictina de Valladolid, que proporcionó las riquezas suficientes para embellecer la iglesia, que es, junto a la catedral, máxima expresión del barroco compostelano.

Si ahora tomamos la *rúa da Pena* y luego *Costa Vella* llegaremos al **convento de San Francisco.** Según la tradición este monasterio fue fundado por el propio santo de Asís, que habría peregrinado a Compostela entre el 1213 y el 1215. El convento actual es del siglo XVII y la iglesia del XVIII. El monumento a San Francisco es obra del escultor Francisco Asorey.

01

Si continuamos en dirección a la plaza del Obradoiro y tomamos la *rúa do Franco* nos encontraremos con el **Colegio de Fonseca** (1), que es considerado el primer edificio de la *Universidade de Santiago de Compostela* y por siglos albergó a los estudiantes de las clases altas compostelanas. Fue fundado en el 1522 por el arzobispo Alonso Fonseca III. Es un edificio de estilo renacentista con una fachada- retablo en la que se reconoce a Santiago Alfeo, patrón del colegio. Dentro ya destaca y asombra el claustro y la sala de Grados con un elaboradísimo artesonado de madera noble. En este mismo edificio se ha venido escribiendo la historia de Galicia. Fue sede del Seminario de Estudios Gallegos Padre Sarmiento, cuyos miembros redactaron el primer anteproyecto de Autonomía de Galicia. Actualmente alberga la biblioteca de la universidad con más de 300.000 volúmenes y 150 incunables.

01

Para acabar esta ruta nada mejor que la **Rúa do Franco,** que conserva una tradición gastronómica sin parangón en la ciudad. Los restaurantes recogen la tradición medieval que atendía las necesidades de los francos, nombre genérico que se les daba a los peregrinos que venían a través de los pirineos, de ahí el nombre de la calle. Una buena opción para tapear es el **042** (Rúa do Franco, 42). Uno de los lugares más típicos e importantes del tapeo santiaguense, el mesón 042 sigue siendo un lugar genial del que disfrutar del tapeo local. Aquí se degusta la quintaesencia gallega: empanadas, pulpo, pimientos de Padrón, etcétera. Este local es un imprescindible de Santiago, un delicioso clásico.

Y si lo que queréis es un buen restaurante probad **A Terraza do 42** (Rúa do Franco, 50). Tiene tres zonas diferenciadas: una gran terraza, estupenda en verano; zona de barra donde podéis disfrutar de gran variedad de pinchos y raciones y dos comedores para celebraciones.

Su carta es variada y de una gran calidad, destacan las parrilladas de marisco, asados argentinos a la brasa o el arroz con bogavante. Además posee una buena y surtida carta de vinos. A destacar el gran servicio de los profesionales que lo atienden, un plus añadido al estupendo restaurante.

Y si tras unas tapas y unas copas os animáis estáis muy cerca de gran cantidad de locales para tomar y charlar. Las rúas del casco antiguo bullen de noche. Prácticamente cada calle tiene un local para tomar un vino, un pub o un bar.

Las calles con los mejores bares de tapeo y vino son las *rúas Franco y Raiña* (1), *Troia, San Pedro, Travesa, plaza de Santo Agostiño,* etc.

01

En veranito para unas primeras copas en una terraza podéis optar por la *rúa San Paio de Antealtares.* Otras opciones son las *rúas Quintana, Vilar y Nova.*

Pero el eje de la fiesta en el casco antiguo, llena de locales a casi cada hora del día y la noche, es la zona comprendida entre la *rúa Nova* hasta intramuros y el mercado de Abastos, o sea: *Xelmírez, Conga, Acibechería, Troia, plaza San Miguel, rúa Travesa* y otras.

La mayoría de los locales de la zona antigua son de pequeñas dimensiones y las paredes de piedra y de granito. Esto es lógico ya que el tamaño general de las construcciones es menor que en la zona nueva o en el ensanche. Pero sabed que es tradicional dejar alguna moneda en las junturas de las piedras porque si se hace, dicen, volverás, en fin, no tenéis nada que perder por intentarlo…

Iti-
nera-
rios

3 La ciudad extramuros también merece una visita

Después de recorrer a pie la ciudad monumental, ahora proponemos un nuevo itinerario que nos muestre otros atractivos de Santiago fuera de su centro histórico.

La ciudad extramuros también merece una visita

Después de recorrer a pie la ciudad monumental, ahora proponemos un nuevo itinerario que nos muestre otros atractivos de Santiago fuera de su centro histórico. En ciertos tramos el coche o los autobuses urbanos pueden resultar aconsejables, aunque no imprescindibles, por las distancias que recorreremos.

Un buen punto de partida puede ser la céntrica **plaza de Galicia** (1), que ocupa el solar del antiguo **Edificio Castromil,** una preciosa casa modernista que se derribó en la década de 1970 para la creación de un aparcamiento subterráneo y un parque, donde actualmente una curiosa construcción alberga la Oficina de Turismo Municipal. El historicista edificio del Hotel Compostela, que recuerda un castillo almenado, es el más llamativo que hoy conserva este espacio.

01

Salimos de la plaza de Galicia por la *rúa da Senra* que, junto con la plaza anteriormente mencionada, constituye el sector de transición entre la ciudad histórica y el Ensanche. Se trata de una calle que conserva interesantes edificios de principios del siglo XX.

Para llegar al **barrio de Conxo** hemos de seguir por las avenidas de Juan Carlos I, Rosalía de Castro y Vilagarcía. La visita a este barrio, municipio independiente hasta principios de siglo, está justificada por el **monasterio de Santa María la Real de Conxo** (2). El edificio primitivo fue construido en época de Xelmírez, aunque de él apenas queda nada, sólo dos lados del claustro tardo-románico, ya que los otros dos fueron reconstruidos en estilo barroco. El templo es del siglo XVII, en el que destacan la fachada y retablo de Simón Rodríguez y el cristo crucificado de Gregorio Fernández. Las dependencias del monasterio se encuentran hoy ocupadas por un hospital psiquiátrico.

02

Si seguimos la carretera podremos llegar hasta el **puente medieval de A Rocha,** por donde se realizaba, hasta la construcción del nuevo viaducto, el acceso sur a la ciudad. Sobre el río Sar se alzaba el castillo da Rocha, destinado a proteger este paso y cobrar el pontazgo o impuesto por pasar el puente; del grandioso edificio tan sólo quedan unas pocas ruinas. Tomando el periférico con dirección a la carretera de Noia, llegamos al barrio de la Choupana, limítrofe con el **Campus Sur Universitario** (1). Antes de entrar en él merece la pena destacar el espacio destinado a **Jardín Botánico,** anexo por el suroeste a la ciudad universitaria. El barrio de **A Choupana** se está remodelando con edificios de arriesgado diseño a la sombra del inmenso Complejo Hospitalario Universitario, el más importante del noroeste peninsular. El Campus fue iniciado en la década de

1930 como heredero de la Gran Exposición Regional de 1909 e inspirado en la funcionalidad de la Residencia de Estudiantes de Madrid. Es un espacio ordenado, con abundantes zonas verdes y edificios como facultades, residencias universitarias, infraestructuras deportivas y otros de carácter cultural y administrativo. Algunas de las construcciones son de interés y se combinan los diferentes estilos de este siglo entre los que destacan los edificios más antiguos de inspiración neobarroca. El ambiente estudiantil, las amplias superficies verdes y su envergadura hacen de éste un agradable lugar para el paseo.

Junto al Estadio Universitario de Atletismo y la Residencia Monte da Condesa, en la rúa de su nombre, está el antiguo **monasterio de San Lorenzo.** Aunque su origen se remonta a un cenobio franciscano del siglo XIII, apenas conserva nada de esos tiempos. La iglesia es la construcción más relevante, destacando dentro de ella el magnífico retablo renacentista y los sepulcros de los marqueses de Ayamonte, ambos esculpidos en mármol blanco de Carrara por el taller genovés de los Aprili en el siglo XVI y trasladados desde Sevilla por los duques de Medina de las Torres. Un gran muro esconde una torre palaciega y una balconada barroca, jardines y un denso bosque; tan sólo queda fuera una frondosa carballeira. Aunque actualmente es residencia privada, previa petición es posible visitar su iglesia (981 585 871). En la actualidad también se puede contratar la organización en sus dependencias de bodas y banquetes.

Seguimos ahora por la *avenida das Burgas* para luego tomar a la izquierda la avenida de Compostela y bajar por las cuestas del *Cruceiro do Galo.* Desde este lugar tenemos la opción de hacer una salida de ida y vuelta hasta este mismo punto. En este caso descenderíamos por la *rúa do Carme de Abaixo,* pasando por el escondido rincón que constituye el lugar en el que se encuentra la Iglesia barroca del **Carme de Abaixo** y por donde cruzamos el río Sar por un puente medieval. Cerca está la mansión de la Finca del Espino, relacionada con tristes leyendas y rodeada de oscuras araucarias, que hoy presenta un aspecto ruinoso, pálido recuerdo de su antiguo esplendor. Justo detrás, en la parte más alta de la colina, se encuentra la Residencia Oficial del Presidente del gobierno gallego. Se trata de un edificio muy moderno pero de aspecto discreto que domina el conjunto de la ciudad.

Si seguimos la carretera podemos dirigirnos hacia el repetidor de televisión en la cumbre del **Monte Pedroso.** Después un sinuoso camino entre frondosas arboledas y merenderos llegaremos a la cumbre en la que se disfruta de una amplia vista no sólo de la ciudad sino también de su comarca. Si estáis dispuestos a caminar y disponéis de más tiempo libre podéis lanzaros a la subida a pie siguiendo un camino con vía crucis que parte de las proximidades del Estadio de Santa Isabel y que termina en el gran cruceiro monumental del escultor gallego Francisco Asorey.

De regreso al *Campo das Hortas* seguiremos la calle homónima, Carretas y San Francisco. Al llegar a la portada del monasterio bajamos la cuesta llamada *rúa dos Castiñeiros* que nos lleva hasta el Campus Norte de la universidad, donde nos encontraremos con el **Parque da Música** y el edificio del **Auditorio de Galicia.** Como ya hemos dicho, esta obra de Julio Cano intenta reinterpretar desde un punto de vista contemporáneo la arquitectura tradicional gallega

con materiales como el granito y elementos estructurales como la galería. El complejo cultural se dedica fundamentalmente a la música clásica aunque tienen cabida otras tendencias musicales, congresos y exposiciones. Estas últimas pueden instalarse tanto en la sala interior, habilitada para tal fin, como en el Parque da Música, en el exterior. La rehabilitación de los márgenes del arroyo próximo, la creación de un lago artificial y el ajardinamiento basado en amplias superficies de césped completan un interesante conjunto.

El Auditorio de Galicia está inscrito en el llamado **Campus Norte Universitario** (1). Este espacio ha sido recientemente urbanizado y se caracteriza por su progresivo desarrollo. En él están ubicadas facultades como la de Filología, Ciencias Económicas y Empresariales, la de Periodismo o Casa Europa; además de residencias de estudiantes como la innovadora de *O Burgo das Nacións.*

El edificio más sobresaliente de todo el conjunto es la Facultad de Periodismo *(Xornalismo),* obra del reconocido arquitecto portugués Álvaro Siza que destaca por su diseño rectilíneo de superficies amplias y aspecto luminoso. Otro conjunto interesante es la **Casa Europa.** Se trata de un cuidado espacio ajardinado con centro en una bella mansión decimonónica, la cual funciona como hotelito con encanto para invitados de la universidad y otros edificios de diseño contemporáneo de gran interés.

Pasando al lado de la Facultad de Económicas llegamos a la *avenida Xoán XXIII,* y dejamos a nuestra izquierda el valle del río Sarela y, si subimos por ella, alcanzaremos el monumento al peregrino (obra del escultor Acuña), ya casi enfrente del complejo de San Caetano, donde se concentran los servicios administrativos de la *Xunta* de Galicia. Se trata de un antiguo cuartel, que también fue instituto de bachillerato,

01

y en el que se ha acometido una intensa reestructuración y restauración para adaptarlo a su nueva función. El nombre lo toma de la antigua capilla que jalonaba la entrada del Camino Inglés en Compostela. Por otra parte, en este sector también es posible realizar un pequeño desvío para visitar, tras las viviendas de Vite, un viejo acueducto medieval que abastecía de agua a San Martín Pinario.

Desde el **monumento al Peregrino** nos dirigimos de nuevo hacia el centro por la *rúa da Pastoriza,* con la iglesia del mismo nombre, edificio neoclásico relacionado con la masonería. Seguimos la antigua carretera de A Coruña por las calles de Os Basquiños, Santa Clara y San Roque, para luego descender por la *rúa das Rodas* hasta la *Porta do Camiño.* Desde esta puerta haremos a la inversa

01

un pequeño tramo del Camino Francés que tantos peregrinos realizaron por las *rúas de San Pedro* y de *Os Concheiros.* Las dos son el eje de un importante arrabal histórico nacido a la sombra del camino y del monasterio de San Domingos, que hoy ve cómo se relanza su actividad comercial gracias a su situación como paso casi obligado hacia el barrio de Fontiñas. **Concheiros** recibe su nombre de los antiguos puestos de venta de conchas de vieira, negocio del que los vecinos de este lugar tuvieron monopolio en todo occidente gracias a un privilegio concedido por el Vaticano.

Aunque en este itinerario no lo seguiremos, el Camino de Santiago discurre por la *rúa das Fontiñas*, llegando al barrio de San Lázaro, donde está el **Palacio de Congresos y Exposiciones** y el **Estadio Multiusos de San Lázaro.** No muy lejos está el **Monte do Gozo (1),** colina que debe su nombre a que era el primer lugar desde el

que los peregrinos divisaban las torres de Compostela; actualmente ha visto alterado su aspecto anterior para transformarse en un amplio complejo turístico de acogida para peregrinos con diversas instalaciones como albergue, residencia de estudiantes, auditorio al aire libre y cámping.

Desde *Os Concheiros* entramos en el barrio de *As Fontiñas* por la *rúa de Berlín,* dejando a la derecha el moderno edificio de los juzgados. Llama la atención por sus espectaculares dimensiones la gran mole del edificio Área Central, que preside el reticulado barrio. Su forma cuadrada está organizada por una plaza interior mayor que la del Obradoiro y por una calle comercial cubierta, de dimensiones únicas en España.

En la *rúa de Madrid* se encuentra otro interesante edificio sede de la **Escola Galega de Administración Pública.** Esta misma calle nos sirve para salir del barrio bajando al valle del río Sar, que cruzaremos para pasar junto al complejo lúdico-deportivo Fontes do Sar, en el que destaca el pabellón gran centro deportivo-cultural; diseñado por Pujol y Arenaza y construido con granito, madera y cristal. Su forma cilíndrica se integra en este espacio verde, desde el que descubrimos una nueva cara de la ciudad de Santiago.

Justo tras el complejo *Fontes do Sar* se eleva **A Cidade da Cultura** (1)**.** Aún sin concluir, esta es la gran obra de arquitectura contemporánea de Galicia, diseñada por el arquitecto norteamericano Eisenman. El conjunto es grandioso, ocupa una superficie semejante a la del casco histórico de la ciudad en el monte Gaias, e incluye edificios como una gran biblioteca, hemeroteca, el *Museo da Historia de Galicia,* el *Teatro da Música* y el *Edificio das Novas Tecnoloxías.* Además tiene como entrada las llamativas Torres de Hejduk.

01

Hacia el sur de este importante y recientemente urbanizado espacio que acabamos de describir someramente se localiza la *rúa de Sar*. Este antiguo arrabal extramuros gira en torno a dicha calle, otrora Camino Real de Castilla y, aún antes, llegada del camino jacobeo que seguía la Ruta de la Plata. Su edificio más destacado es la **Real Colexiata de Santa María do Sar** (1). Se trata de la única iglesia de las muchas que se construyeron en el siglo XII que conserva íntegramente su fábrica románica, junto con la catedral. Fue fundada por Nuño Alonso, obispo de Mondoñedo, en 1172. En su exterior sobresalen las portadas, la preciosa cabecera y los voluminosos

01

contrafuertes construidos en el siglo XVIII; la razón de estos elementos de aguante está en la inclinación de los pilares provocada por la altura de la nave y la inestabilidad de un terreno con sustrato fangoso. En el interior merecen la pena, además de la estructura inclinada, la pila bautismal del siglo XII, varios sepulcros y en su claustro la bella arquería del lateral románico conservado.

La *rúa de Sar* es el eje que comunica el barrio con el centro de la ciudad y conserva interesantes ejemplos de arquitectura popular. Tomando a la izquierda la *rúa Curros Enríquez,* seguimos hasta el Hórreo. Unos metros más abajo está el **Parlamento de Galicia** o Pazo do Hórreo que es el edificio más significativo de la calle, aunque conserva otras construcciones de principios del siglo XX que la caracterizan. Urbanísticamente es una de las pocas vías que se desarrolló dentro del primer proyecto de ensanchamiento de la urbe. A nuestra izquierda arrancan calles comerciales como las de República Argentina o República de El Salvador, ejemplos de la estructura y aspecto del sector denominado popularmente ensanche. Este espacio es el centro funcional de la ciudad junto con el casco histórico. Su construcción durante la etapa del desarrollismo de la décadas de 1960 y 1970 nos ha dejado en herencia un conjunto de calles con una importante densidad constructiva que contrasta en una ciudad que destaca generalmente por su calidad urbanística y sus espacios verdes. Al final de la *rúa do Hórreo* llegamos de nuevo a la plaza de Galicia, punto inicial y final de nuestro camino.

Iti-
nera-
rios

4 Alrededores de Santiago que no hay que perderse

Los alrededores de Santiago son tan interesantes como la ciudad misma. Playas, rincones misteriosos, montañas onduladas, caminos milenarios, aldeas, islas oceánicas…

Alrededores de Santiago que no hay que perderse

Los alrededores de Santiago son tan interesantes como la ciudad misma. Playas, rincones misteriosos, montañas onduladas, caminos milenarios, aldeas, islas oceánicas… Tanto la comarca como las áreas algo más alejadas de Santiago de Compostela son, sin duda, una de las zonas más interesantes y con más belleza natural de toda España.

PLAYAS CERCANAS

Playa fluvial de Chalán

Esta es la playa fluvial más cercana a la ciudad, a unos diez kilómetros de distancia. La zonas de recreo se encuentran a ambos lados del río y están unidas por un puente de madera. Podéis disfrutar de varias zonas de sombra, merendero, mesas con tableros de ajedrez y damas, zona de voleibol, aparcamiento de coches y bicis y cafetería (abierta en verano).

Para llegar hay que tomar la carretera de A Coruña (N-550) hasta llegar a la rotonda de Meixonfrío se da la vuelta completa para tomar la vía de servicio unos metros más adelante a la derecha, pasando por Meixonfrío y el polígono del Tambre. Se continúa por esta carretera, llamada carretera del Trazo, y después de pasar por la aldea de Son de Abaixo se llega a la playa fluvial de Chalán. Una experiencia cien por cien local y perfecta para hacer algo diferente y original.

Playa fluvial de O Refuxio

El encanto de esta playa reside en que está en una isla dentro del río. Tiene mucha sombra, merendero y cafetería.

Se llega a ella saliendo por la carretera hacia A Coruña (N-550) y, al llegar a Sigüeiro, en el cruce principal hay que desviarse a mano derecha para tomar la carretera de Grabanxa. Dejando a mano izquierda el colegio, un poco más adelante, un desvío a mano derecha indica: O Refuixo.

Playas de mar

A una distancia relativamente cercana a la ciudad (entre 40 y 70 km) encontraremos una cantidad increíble de playas límpidas. No podemos incluir en esta relación todas las que son pero sí son todas las que están. Pasear, bañarse o simplemente apreciar la belleza natural de estas playas son actividades, todas ellas, dignas de ser visitadas y disfrutadas con calma si tenéis tiempo para salir de la ciudad.

A la mayoría de las playas se puede acceder en líneas de autobús regular, coche particular y algunas incluso en tren. En las oficinas de turismo de la ciudad os podrán dar información detallada al respecto. Recordad que las playas suelen tener una serie de servicios, algunos de los cuales cierran en el período otoño-Invierno. Esos servicios son: aparcamientos, duchas, rampas para el acceso de minusválidos, W.C. y restaurantes.

Tanxil

(Rianxo, ría de Arousa, a 45 km de Santiago)

Es una playa cercana de aguas calmas, paseo marítimo y un entorno urbanizado pero tranquilo. La playa está bordeada de árboles y zonas de sombra y fuentes de agua potable.

Barraña

Es una playa protegida de aguas muy tranquilas, con paseo marítimo y un agradable entorno de árboles.

Cabío-Lombiña (A pobra do Caramiñal, ría de Arousa, a 60 km de Santiago)

Es la playa preferida por las familias y está rodeada de un fabuloso pinar.

Ladeira-Dunas (Ribeira, ría de Muros y Noia, a 70 km de Santiago)

Playa virgen de naturaleza extrema y bellísima a unos 2 km de las dunas de Corrubedo y sus lagunas.

Aguieira (Porto do Son, ría de Muros y Noia, a 48 km de Santiago)

Playa muy tranquila y bucólica con pequeñas dunas y un curioso islote que ocupa una casa, no lejos desembocan dos pequeños ríos.

Compostela (Villagarcía de Arousa, ría de Arousa, 45 km de Santiago)

Playa perfecta para los deportes náuticos, con unas vistas geniales de la isla de Cortegada. Además a esta playa se puede llegar en tren.

FISTERRA Y LA COSTA DA MORTE

La **Costa da Morte** (1-2) es un espacio geográfico abrupto y peligroso, de ahí su nombre. Tal era la bravura de sus olas que han sido varios barcos los que han naufragado en sus inmediaciones por la fuerza desatada de la naturaleza. Y, durante siglos, Fisterra fue un lugar mágico que desataba la imaginación de cuantos la visitaban ya que es el punto más occidental de Europa y, hasta el descubrimiento de América, el más occidental del mundo conocido. Más allá, según las leyendas, incluso había dragones, la Atlántida o cataratas que caían a la nada delimitando claramente el fin del mundo…

01

02

01

Desde Santiago de Compostela el viaje se hace por Noia, localidad monumental y de muy recomendable visita si se dispone de tiempo, bordeando la ría hasta el pintoresco y cercano Muros, también digno de visitas. De hecho, desde Muros se puede hacer una estupenda excursión hasta la amplia ensenada y arenal de Carnota, el Monte Pindo y las cascadas de Ézaro hasta empalmar con Cee y continuar por la clásica ruta pasando por Fisterra y llegando hasta Malpica.

Son muchísimos los puntos de interés en esta zona, pero podríamos destacar, cómo no, el cabo de Finisterre, el antiguo y legendario fin del mundo; y la enorme piedra oscilante de Muxía, la *pedra de abalar* que, si hacemos caso a la leyenda, sólo los inocentes son capaces de mover. También podemos contemplar el mítico faro Vilaño de Camariñas; Laxe y su inmenso arenal; las cruces de los *percebeiros* (las personas que se juegan la vida en busca de los afamados percebes) y, por último, el puerto de Malpica.

Pazo de Oca

Muy cerca de Balboa, a unos 25 km de Santiago por la N-525 dirección Ourense, se encuentra el señorial **Pazo de Oca** (1). Esta típica mansión de la aristocracia gallega parece, más bien, una fortaleza. En su interior todo es del tipo de lujo vedado para el resto de los mortales. El estilo predominante en la construcción es el barroco, periodo este de bonanza en el que algunas familias escogidas medraron rápidamente. Este pazo destaca, sobre todo, por sus impresionantes jardines a los cuales no les falta de nada: estanque para navegar, pequeñas cascadas, un acueducto, escalinatas señoriales, balaustradas, fuentes y hasta una pequeña isla artificial.

Cascada de A Toxa

Muy cerca del Pazo de Oca se encuentra la salvaje y espectacular cascada de A Toxa. Es fácil perderse, o sea que hay que estar atentos. Continuamos por la N-525 en dirección a Silleda y, en la población de Bandeira, tomamos la PO-210. A los pocos kilómetros una señal indica un desvío a mano derecha por una estrecha carretera. Llegaremos a una iglesia donde tenemos que desviarnos otra vez hacia la izquierda y poco después tomaremos de nuevo otro desvío a la derecha para adentrarnos en una pista que se introduce en los campos hasta que nos topemos con un pinar. En un momento dado la pista se bifurca. El ramal de la izquierda conduce a la base de la cascada y el de la derecha a los miradores de la parte alta de la cascada. Muy cerca de la cascada se encuentra el precioso y escondido monasterio de Carboeiro, que parece no querer saber nada del tiempo, allí, escondido entre árboles. Es muy recomendable darse un pequeño paseo por el camino que desciende hasta el río.

La isla de Ons

Enfrentada a la ría de Pontevedra la **isla de Ons** (1) es un paraíso para los amantes de la naturaleza. Podéis pasar un día entero en ella, si lo deseáis, porque seguro que no os aburriréis. Destacan sobre todo, entre sus numerosos encantos, sus increíbles playas de arenas blancas y transparentes, pero también posee otros atractivos como sus colonias de aves marinas, el faro o el propio disfrute de sus increíbles vistas desde el mirador de Ferodentos. Varias compañías de cruceros ofrecen excursiones de un día, embarcando desde las poblaciones de Sanxenxo y Portonovo, entre ellas:

Naviera Mar de Ons (986 225 272) *www.mardeons.com*
Cruceros Rías Bajas (986 731 343) *www.crucerosiasbaixas.com*
Nabia (Naviera) (986 441 678) *www.isladeons.net*

01

Iti-
nera-
rios

5 Lo mejor para que los niños disfruten la ciudad

La ciudad de Santiago es un lugar perfecto para viajar con niños. Tranquila, con un casco antiguo con apenas coches y muy segura, caminar por sus calles, parques y plazas con los peques es un placer para ellos pero también para los adultos que les acompañen.

Lo mejor para que los niños disfruten la ciudad

La ciudad de Santiago es un lugar perfecto para viajar con niños. Tranquila, con un casco antiguo con apenas coches y muy segura, caminar por sus calles, parques y plazas con los peques es un placer para ellos pero también para los adultos que les acompañen.

La zona antigua

La zona histórica, considerada Patrimonio de la Humanidad, y que seguramente será el espacio en el que más tiempo paséis, es un lugar mágico y envolvente que los niños pueden disfrutar tanto como los mayores. Rincones evocadores, plazoletas escondidas, casitas viejas y piedras bellamente mohosas son un espacio perfecto para que la imaginación de los niños vuele y se desarrolle. En Santiago el paso del tiempo se puede tocar y a veces son ellos mismos, los chavales, los que mejor perciben el encanto de la historia y la espiritualidad que destila Santiago de Compostela. ¡Y qué podemos decir de la catedral y la plaza del Obradoiro! No sería la primera vez que ellos aprecian más y mejor el gran monumento construido bajo el auspicio de la fe, la gran catedral, donde yace el Apóstol, edificio e historia viva del mundo occidental.

Parques y jardines

Nada mejor para descansar, hacer un alto en el recorrido por la ciudad, pasar un rato agradable o, sencillamente, no hacer nada, que dejarse caer, más bien literalmente tumbarse, en alguno de los parques y jardines de la ciudad de Santiago mientras los niños corren y disfrutan rodeados de árboles y fuentes. Muy cerca de la ciudad antigua, rodeándola, encontraréis el parque de Belvís, el parque de San Roque y el más grande y posiblemente el más reco-

mendable para estar con los niños: la Alameda. Y, a tan sólo 20 minutos caminando del centro de Santiago, el parque Granja do Xesto donde podréis disfrutar de un bosque, prados y pequeños lagos artificiales. Verdaderamente un lugar mágico donde desconectar y hacer que los peques disfruten de lo lindo.

Tren turístico

Saliendo de la plaza del Obradoiro se puede tomar un tren turístico que rodea la zona antigua y pasa por la mayoría de los lugares de interés de una manera divertida y amena para disfrutarlo en familia.

Horario: en temporada alta cada día, cada hora, de 11 a 20 h; en temporada media cada día, cada hora, de 11 a 13 y de 16 a 19 h.

En temporada baja, viernes, sábados y domingos, cada hora, de 11 a 13 y de 16 a 19 h, aunque se pueden modificar los horarios y es mejor consultarlo.
Precio: Adultos: 5 euros
Hasta los tres años: gratis
Niños hasta los 14 años: 3 euros
Descuentos para grupos

Servicio de canguros

En la ciudad de Santiago tenéis a vuestra diposición y contratar los servicios de un canguro por si necesitáis dejar a los niños con un profesional que los cuide por las noches o en algún otro momento del día. Este servicio, asimismo, también lo incluyen algunos hoteles.

Skipy Escultor Camilo Otero, 17, 2ª (981 590 979-902 905 132)
skipy@mundo-r.com
Canguros Centro Comercial Área Central
(981 558 165-689 959 292)

AUDITORIO DE GALICIA

Arrumacos García Prieto, 47 (981 534 029-676 796 942)
Senior Santiago Xeneral Pardiñas, 3- 2º D *www.seniorsantiago.com*

Espectáculos infantiles

En la ciudad de Santiago se desarrollan varios eventos especialmente dirigidos a los niños tales como: títeres, teatro y cine infantil es. Para conseguir la información más actualizada al respecto de los espectáculos que ofrece la ciudad lo mejor es que echéis un vistazo a la agenda cultural de la página web oficial de turismo de Santiago de Compostela:
www.santiagoturismo.com/VisitarSantiago/AgendaCultural/Hoy/

Títeres

Sala Yago Rúa do Vilar, 51-53 (981 589 288) *www.salayago.com*
Cada domingo, función matutina de títeres a las 12.30 h.

Conciertos

Auditorio de Galicia Avda. Burgo das Nacións, s/n (981 552 290)
www.auditoriodegalicia.org
Varios jueves del año, a las 21 h, se celebran conciertos para toda la familia. Incluyen programas especiales para los niños, títeres, etcétera.

Visita guiada a las cubiertas de la catedral

La visita guiada a las cubiertas de la ciudad es una oportunidad fantástica para apreciar unas increíbles y mágicas vistas de la ciudad y los alrededores. La entrada es por el Pazo de Xelmírez, plaza del Obradoiro.

Horario: las visitas son, según disponibilidad, de 10 a 14 y de 16 a 20 h todos los días.

Precio: 10 euros, 8 euros para personas jubiladas, estudiantes y peregrinos

Otros eventos destacados

Galicreques: Festival de títeres, 1.ª quincena de octubre
Festival de títeres de Reyes: del 2 al 5 de enero
Patinaje sobre hielo: Navidad
Festival de cine infantil: Navidad
Ferradura Aberta: de inales de julio a principios de agosto

Iti-
nera-
rios

6 Los conventos de clausura

fe y silencio

Hay un Santiago oculto tras los muros de esta impresionante ciudad. En realidad, hay varios Santiagos ocultos, pero hay uno especialmente escondido, el Santiago que se agazapa tras los muros de sus conventos de clausura.

Los conventos de clausura, fe y silencio

Hay un Santiago oculto tras los muros de esta impresionante ciudad. En realidad, hay varios Santiagos ocultos, pero hay uno especialmente escondido, el Santiago que se agazapa tras los muros de sus conventos de clausura.

Se podría pensar que tiene mucho mérito que en estos tiempos que corren siga habiendo personas que deciden encaminar sus vidas tras altos muros y puertas de hierro para meditar, para llevar una vida austera de contemplación, una vida sencilla dedicada por completo a Dios e incluso quizá para encontrarse a sí mismos o seguir una vocación. Pero lo cierto es que en Santiago de Compostela realmente son muchas las personas que viven en varios conventos, principalmente orando por las almas de sus congéneres, invisibles para la mayoría.

Desde la Edad Media, alrededor de la gran catedral dedicada al Apóstol, se edificaron monasterios de las principales órdenes religiosas: franciscanos, dominicos, clarisas, jesuitas, mercedarios, etc.

Su misión principal consistía fundamentalmente en custodiar el Sepulcro y dar hospedaje a los peregrinos que llegaban a la ciudad de todos los rincones del mundo para honrar los restos del Apóstol. Durante siglos, estos monasterios aportaron mucho a la ciudad de Santiago contribuyendo a su crecimiento tanto económico como social y, sobre todo, intelectual. Ya fuese a través de los conocimientos que poseían los monjes en Botica o Medicina o con la aportación de una riqueza arquitectónica sin parangón a esta ciudad.

De todos modos, hay algo que los monasterios nunca han dejado de hacer y que desde siempre fue su razón de ser original: salvar al mundo a través de la oración de sus moradores.

Actualmente podemos contemplar en la ciudad cinco conventos de clausura que pertenecen a cinco órdenes diferentes. Dichos conventos son:

El de la orden de Nuestra Señora de la Merced
El de la orden de Predicadores de Santo Domingo
El de la orden de Santa Clara o de Franciscanas Clarisas
El de la orden de las Carmelitas Descalzas
El de la orden de San Benito

La vida en los monasterios

La vida en los monasterios está medida y regida por las oraciones consagradas a Dios que se reparten a lo largo de las horas del día. Aunque la organización de la vida en los monasterios varía un poco dependiendo de la orden a la que pertenezcan, esta podría ser más o menos así:

Se comienza con los **maitines,** que se rezan al alba, aunque algunas órdenes lo rezan la noche anterior. Le siguen las **laudes,** al romper el día. Desayunan y luego vienen las **tercias,** oraciones a la tercera hora de sol. Luego las oraciones **sextas,** como su propio nombre indica a la sexta hora de sol, y luego el almuerzo, en silencio, con la excepción de alguno de los monjes que puede leer algunos pasajes de la Biblia para el resto de la congregación. Tras el almuerzo se dispone de entre treinta minutos y una hora para el descanso. Tras este breve receso regresa la oración con las **nonas,** a la novena hora de la salida del sol. Y después de éstas llegan las **vísperas,** al atardecer, y, para finalizar la jornada, se sirve la cena. Una vez que se ha cumplido con la última comida del día generalmente los miembros de la congregación disponen de algo de tiempo para departir sobre lo sucedido en la jornada. Y antes de retirarse a descansar.

Esta ruta pretende acercarte a los cinco monasterios de clausura que hemos comentado existen en la ciudad de Santiago de Compostela. No están muy lejos unos de otros y es fácil poder visitarlos caminando. Son cinco lugares únicos, llenos de oración y silencio, de misterio y, sobre todo, de paz.

Convento de Clausura de Nuestra Señora de la Merced (1)

Tránsito da Mercé, 1 (981 564 410)

Misa conventual (cantada): 8.30 h; los domingos también a las 12 h

Este convento de las Madres Mercedarias está situado extramuros, frente a la puerta de Mazarelos, y fue fundado en el siglo XVII. El convento, de planta rectangular, alberga la iglesia en la mitad del lado derecho del conjunto monástico. La fachada es sencilla y sobria, adornada exclusivamente por un relieve en la parte exterior que da a la iglesia, bajo el campanario. Representa una anunciación rodeada de escudos arzobispales. Sobre los mismos, el barroco local brilla con luz propia con los relieves de flores, hojas y sartas de frutas.

01

La iglesia es también sobria y funcional, como el convento, en la que destaca el crucero, cubierto con una preciosa cúpula.

Los enrejados protegen los dos coros, donde las mercedarias celebran los oficios. El alto, más solemne, el bajo para el culto ordinario. Destacan por su solidez y sobriedad, transmiten aislamiento y recuerdan –por qué no decirlo– a una cárcel medieval. El escudo de la orden se puede encontrar por todo el convento.

Monasterio de Santa María de Belvís.

Actualmente viven en este convento 17 madres mercedarias. Aparte de la oración y los cuidados del templo lavan y planchan para la iglesia y crean preciosos bordados y mantelería por encargo.

Convento de clausura de Santa María de Belvís (1)

Rúa Belvís, 2 (981 587 670)

La iglesia se puede visitar de 9 a 13 y de 15:30 a 20 h
Misa conventual: 19:15 h; los domingos a las 12:30 h
Rosario: 18:45 h; Vísperas: 19:45 h

A este convento se llega por la *rúa das Trompas,* cruzando el Parque de Belvís. Está localizado en lo alto de un promontorio, algo alejado de la ciudad antigua. Fue fundado en el siglo XIV por los frailes Dominicos y es el primer convento femenino de Santiago.

Otra de sus peculiaridades es que posee dos templos: la iglesia conventual y el santuario de la popular Virgen del Portal.

A principios del siglo XVIII se reedificó el edifico conventual. En la sobria fachada destaca el escudo del arzobispo Monroy, mecenas del convento. También a resaltar es la torre, que hace de separación entre la iglesia conventual y el santuario de la virgen.

La iglesia solo puede ser visitada los domingos y está destinada a la oración de las monjas. Es una obra de mediados del siglo XVIII del maestro Casas y Novoa, el mismo arquitecto de la fachada de la catedral. Es un conjunto sencillo y sobrio. Destaca por su belleza la fachada del comulgatorio.

La capilla es también una construcción humilde en la que destaca la imagen gótica del portal, construida en el siglo XIII. A la virgen la acompañan dos pequeñas estatuillas que podrían simbolizar al pueblo cristiano. Sobre el camarín de la virgen se encuentra la imagen de Domingo de Guzmán, fundador de la orden. La Virgen del Portal es muy popular en Santiago. Su nombre le viene porque las monjas la colocaron inicialmente en la portería en el siglo XIV. En el siglo XVII las monjas intentaron varias veces trasladar la imagen a la iglesia, pero cada vez que lo intentaban volvía, misteriosamente, a la portería, hasta que al fin decidieron crear en el antiguo portal una capilla. Según la tradición la Virgen comenzó a hacer milagros. El día 8 de septiembre hay una romería muy concurrida en su honor. Algunos de los fieles acuden descalzos o de rodillas.

En el pasado la mayoría de las monjas que habitaban el convento eran hijas de burgueses, no de nobles, y a ello se atribuye la sobriedad del conjunto, los nobles daban mayor dote a la orden...

Actualmente viven en el convento de Belvís 30 madres. Las monjas realizan manteles para las iglesias y obleas para las misas de la ciudad. Pero si por algo son famosas es por sus deliciosos dulces: mantecados, tartas de Santiago o pastas de té.

Convento de clausura de Santa Clara

Rúa Santa Clara, s/n (981 583 888)
Visitas guiadas a la iglesia: de 16 a 19 h excepto los domingos
Misa conventual: 20 h

Situado extramuros, al norte de la ciudad, el convento de Santa Clara fue el primero que las Clarisas tuvieron en Santiago. Fue fundado por Doña Violante, mujer de Alfonso X el Sabio en el siglo XIII.

El convento es de época barroca, de finales del siglo XVII, y la fachada principal del arquitecto compostelano Simón Rodríguez, del siglo XVIII. Esta fachada es un ejemplo precioso del barroco español. Es una especie de fachada-telón tras la cual se esconde la clausura y un pequeño jardín interior. Pasado el jardín encontramos la sencilla iglesia, escondida, llena de paz y sosiego.

En el interior de la iglesia se conserva el púlpito de granito y los escudos de los fundadores, únicos restos de la iglesia primitiva. El impresionante retablo es barroco, del siglo XVIII, y en él se representa y venera a la Inmaculada y a los santos fundadores de Clarisas y Franciscanos. Los retablos del crucero están dedicados a la exaltación de la virgen y San Antonio de Padua. En la iglesia también encontramos varios altares churriguerescos (estilo que se ca-

Monasterio de Santa Clara.

racteriza por ornamentar recargadamente, propio del siglo XVIII) dedicados a Santos Franciscanos.

Los enrejados protegen el coro alto y el bajo en los que se atienden los oficios litúrgicos de las Clarisas.

Alrededor de cada convento de clausura se urden y crean innumerables mitos y tradiciones que nacen quién sabe cuándo. En el caso de este convento la tradición dice que si no quieres que llueva el día de tu boda has de llevar una cesta de huevos a un convento de Clarisas. En fin, nada tenéis que perder por probar...

En la actualidad viven en el convento 13 Clarisas. Realizan por encargo diversos trabajos de bordado para iglesias y para particulares: planchan, bordan en oro, etcétera.

Convento de clausura de Carme de Arriba

Rúa Santa Clara, 8 (981 583 201)

Misa conventual: 8.15 h; domingos y solemnidades (excepto agosto) a las 12.15 h

Enfrente del Convento de Santa Clara encontramos el discreto convento de las Carmelitas Descalzas. Esta orden fue traída a Santiago por la escritora mística gallega María Antonia de Jesús en el siglo XVIII.

La fachada del convento fue construida en el siglo XVIII en un estilo propio llamado "estilo Carmetilano". Es una fachada sencilla de líneas depuradas, de aspecto macizo y límpido. Destaca en la misma una imagen de la patrona de la orden, la Virgen del Carmen.

La iglesia es de planta de cruz latina y en su interior la sencillez es la norma. Destaca un retablo mayor del siglo XIX de estilo neoclásico en el que encontramos una imagen de la Virgen del Carmen.

Merece la pena echarle un vistazo a los retablos laterales dedicados a Santa Teresa y San Juan de la Cruz, fundadores de la orden. Dos capillas en el ángulo del ábside completan la iglesia: una, presidida por la imagen de San José, y la otra por la Virgen de las Angustias. En el muro del evangelio, el izquierdo, se encuentra el coro bajo, de uso ordinario, y en el último tramo de la nave se encuentra el coro alto para las celebraciones más solemnes.

En el convento de Santiago viven 20 monjas Carmelitas. Las monjas cuidan del huerto, del gallinero y elaboran pan eucarístico para otras iglesias y objetos litúrgicos: por ejemplo rosarios y escapularios.

Monasterio de clausura de San Paio de Antealtares (1)

Rúa Antealtares, 23 (Entrada a la iglesia por la Vía Sacra)

Misa conventual: laborables a las 19.30 h; sábados a las 8 h; domingos y festivos a las 12 h

Los orígenes del monasterio se remontan al siglo IX, poco después del descubrimiento de los restos del Apóstol. Alfonso II lo mandó construir para albergar a los doce monjes benedictinos que cuidaban el santo sepulcro.

El muro que da a la plaza de Quintana es una mole de piedra sobria y lisa. En el centro hay una lápida que recuerda al "Batallón literario" compuesto por universitarios gallegos que se alzaron en armas contra las tropas de Napoleón. En la fachada opuesta está la portería y en su esquina la puerta de los carros.

En el 1499 los monjes benedictinos abandonaron el tempo y fue ocupado por monjas de clausura. En esa época se dedicó el templo a San Pelayo, niño mártir venerado en Córdoba. La imagen del niño degollado se encuentra en la fachada del templo.

01

En la iglesia de planta de cruz griega destaca el retablo del altar mayor.

Dentro de las dependencias del monasterio, cruzando la iglesia, se llega al museo. Parte del legado cultural de esta comunidad benedictina se encuentra recogida en el museo.

Entre varias piezas de incalculable valor e importancia histórica hallamos un cristo del siglo XIII que perteneció a la iglesia románica o un relicario de plata que conserva el brazo de San Pelayo. El museo cuenta, también, con una gran cantidad de pinturas, piezas de escultura, orfebrería, ornamentos litúrgicos y todo tipo de ornamentos. Un museo íntimo y que ha hecho que el binomio espiritualidad-arte consiga aquí ser una realidad.

Hitos

Hitos monumentales

La catedral

Plaza del Obradoiro, s/n (981 564 210)

Horario: Invierno 9 a 18.30 h. Verano: 9 a 20 h

Visitas turísticas a la catedral: de 10 a 12.30 y de 13.30 a 18 h

En horas de culto se pide la máxima discreción a los turistas. En ocasiones se pueden llegar a formar largas colas para la visita a la cripta donde reposan los restos del Apóstol y para el famoso abrazo al Apóstol. ¡Esperamos que no os cierren mientras esperáis!

Museo de la Catedral

Pl. Platerías, s/n (981 560 527) *www.catedraldesantiago.es*

Horario: Verano, de lunes a sábado 10 a 14 y de 16 a 20 h. Domingos y festivos de 10 a 14 h. Horario: Invierno, de lunes a sábado de 10 a 13.30 y de 16 a 18.30 h. Abren sólo por las mañanas los festivos. Precio: 5 euros

Pazo de Xelmírez

Plaza del Obradoiro, s/n

Se puede visitar en los mismos horarios que la catedral.

Horario: invierno: de 10 a 13.30 y de 16 a 18.30 h. Verano: de 10 a 14 y de 16 a 20 h

Cerrado los domingos y los días 25/12, 1/01, 25/07 y 15/08

Actualmente forma parte del Museo de la Catedral.

Precio: 5 euros

Hostal dos Reis Católicos

Plaza del Obradoiro, s/n (981 582 200) *www.parador.es*

Sólo se admiten visitas de grupos y de personas con guía profesional. Horario: de domingo a viernes de 11.30 a 14 y de 16.30 a 18.30 h.

Rey David músico esculpido en la fachada de Platerías de la catedral compostelana.

La visita dura unos veinte minutos y los grupos no pueden exceder las 30 personas.
Precio: 1 euro. Lunes gratis.

Pazo de Raxoi (981 542 300)
No se admiten visitas porque es un edificio administrativo.

Colegio de San Jerónimo
Plaza del Obradoiro, s/n (981 563 100)
No se permiten visitas.

Monasterio de San Martín Pinario
Plaza de la Inmaculada, 5 (981 583 008)
Horario de invierno (martes a domingo: de 11 a 13.30 y de 16 a 18.30 h. Horario de verano (abierto cada día): de 11 a 13.30 y de 16 a 19 h
Precio: 2,5 euros, reducida: 1,5 euros

Monasterio de San Pelayo de Antealtares (Museo de Arte Sacro)
Antealtares, 23 (981 560 623)
Horario: abierto de abril a diciembre de 10.30 a 13.30 y de 16 a 19 h. Domingos cerrados. Precio: 1,20 euros.

Cervecería
A BARROLA

Info
práctica

Llegar (y salir) y datos prácticos a mano

Llegar y salir de Santiago de Compostela es bien fácil. Un aeropuerto en continuo crecimiento, buenas carreteras, autobuses que unen España, Portugal y otros países europeos… Y, por supuesto, buenos senderos para llegar andando, es decir, para los peregrinos, claro…

Aeropuerto de Lavacolla

(981 547 500-981 547 501) *www.aena.es*

La distancia a la ciudad es de unos 10 km, aproximadamente 15 minutos en coche.

Es un aeropuerto pequeño y cómodo y comienza, poco a poco, a operar más vuelos internacionales sin tener que pasar por Madrid, Palma de Mallorca o Barcelona. A pesar de sus reducidas dimensiones posee varios servicios para el viajero como oficina de información turística, zona comercial, zona de restauración, alquiler de automóviles, servicios bancarios, punto de internet y cajeros automáticos.

Compañías que operan desde el Aeropuerto de Lavacolla:

Iberia/Air Nostrum

(902 400 500-981 596 158) *www.iberia.com*

Spanair

(902 131 415-981 547 770-981 547 778) *www.spanair.com*

Air Europa

(902 401 501-981 594 950) *www.aireuropa.com*

Ryanair

(807 220 220) *www.ryanair.com*

Air Berlin

(902 320 737-981 509 547) *www.airberlin.com*

Vueling
(981 897 128) *www.vueling.com*
Aer Lingus
(902 520 737) *www.flyaerlingus.com*
Clickair
(902 254 252) *www.clickair.com*

Los principales destinos nacionales son Alicante, Barcelona, Bilbao, Fuerteventura, Lanzarote, Las Palmas, Madrid, Málaga, Palma de Mallorca, Sevilla, Tenerife, Valencia y Zaragoza.

Los destinos internacionales más frecuentes lógicamente sufren conexiones, sobre todo vía Palma de Mallorca. Sin embargo, aquí os mencionamos los vuelos internacionales directos desde Santiago: Dublin, Frankfurt, Liverpool, Londres, París y Roma.

Aduanas

Con respecto a la cantidad permitida de equipaje facturado y de mano recordad que cada compañía tiene sus propias diferencias sobre el tema y que en estos momentos la cosa está en proceso de legislación, y es con las propias compañías con las que os tenéis que informar. Podéis tomar como referencia los 20 kg en clase turista y 30 kg en preferente o primera clase, que suele ser la media permitida. Si se pretende volar con más de esto suele traer consigo recargos adicionales por kilo que deberéis abonar al hacer la facturación. Además, la legislación en España, siguiendo la normativa de la UE, regula el acceso de líquidos en el equipaje de mano, así como la prohibición de varios artículos denominados peligrosos en el equipaje de mano y en el facturado. Cualquier compañía aérea o en el mismo aeropuerto os solucionarán todas vuestras dudas al respecto, así como con qué se puede y con qué no se puede acceder a la cabina del avión y en qué cantidad.

Para obtener la información más actualizada posible con respecto a horarios, vuelos, regulaciones y aduanas, os aconsejamos revisar la página web del organismo del estado que regula el tráfico aéreo en España: **AENA** *www.aena.es*

Por carretera

El acceso al y desde el aeropuerto se realiza a través de la N-634, que une la ciudad con la N-547 hacia Lugo. También se puede acceder a través de la autovía A-54 que une la circunvalación de Santiago con la N-547.

En autobús

Son dos líneas de autobuses las que ofrecen sus servicios del aeropuerto a Santiago y a A Coruña.

La línea del aeropuerto - Santiago une la ciudad con intervalos de una hora más o menos, todos los días, desde las 6.40 h a las 22.30 h. Tarda algo más de veinte minutos. *www.empresafreire.com*

Hay otra línea, la que une aeropuerto – A Coruña (Hotel Atlántico C/ Jardines Méndez, s/n). Por ahora sólo hay una salida diaria, a las 11.30 h aeropuerto - A Coruña, y a las 10.30 h saliendo de A Coruña hacia el Aeropuerto.

Taxi

La parada de taxis está enfrente del vial de llegadas. El precio fijo para ir a Santiago es de 18 euros.

En coche

Si visitaseis Santiago en coche son varias las carreteras que unen la ciudad con el resto de Galicia, España y Europa…

La Autopista del Atlántico, la AP9, conecta Santiago con A Coruña, Ferrol, Pontevedra y Vigo hasta la frontera portuguesa. La Autovía del Noreste, la A6, comunica Galicia con el resto de España a través de la provincia de Lugo, donde podéis conectar con la AP9 en las inmediaciones de Santiago de Compostela. La Autovía de las Rias Baixas, la A52, conecta Galicia con el resto de España a través de la provincia de Ourense, donde podéis enlazar con Santiago a través de la AP9 en Vigo o a través de la N525 en Ourense. La Autopista AP53 conecta Santiago con Lalín, donde conecta con la N525 a Ourense y Madrid. Y por último la N634 conecta Galicia con Francia a través de la costa Cantábrica.

En tren

La continua mejoría de las vías ferroviarias y la mayor velocidad de los trenes hacen que el tren sea una opción cada vez más cómoda y rápida para acceder a la ciudad de Santiago.

Estación de Tren de Santiago de Compostela

C/ Hórreo, s/n (902 240 202 / 981 591 859) *www.renfe.es*

Tres trenes diarios enlazan Santiago con Madrid, y uno con Bilbao y Hendaya. A través de un único transbordo se accede a Barcelona, París, y casi cualquier capital de provincia en España.

Los trenes regionales salen cada hora y unen la mayoría de grandes poblaciones de Galicia.

Hay un tren panorámico, llamado el Transcantábrico, que une San Sebastián con Santiago, que cruza la "España verde" y pasa por varios de los paisajes más bellos de la península.

En la estación de tren hay varios servicios como alquiler de vehículos, cafetería, cajeros automáticos, punto de información e internet.

Autocar

La estación central de autobuses de largo y medio recorrido se encuentra en la calle San Caetano, s/n (981 542 416). Algunas de las compañías que operan autocares de larga distancia al resto de Galicia, España y Eruopa son:

Larga Distancia

Enatcar Internacional (902 422 242)
Conexiones con la mayoría de ciudades españolas y algunos países europeos tales como: Portugal, Alemania o Bélgica.

Para otros destinos en Galicia:

Freire Estación de autobuses de Santiago (981 588 111)
www.empresafreire.com

Formalidades de entrada para extranjeros

Para los ciudadanos de la Unión Europea y de Noruega, Islandia, Suiza y Liechtenstein sólo es necesario un documento de identidad o pasaporte en vigor. Para algunos países latinoamericanos, EEUU, Corea del Sur, Canadá e Israel entre otros, pueden permanecer en el país hasta 90 días sin visado. Para conseguir la información más actualizada posible en cuanto a requisitos de entrada en el país, visados, etc., se recomienda chequear la página web del ministerio de asuntos exteriores del gobierno de España: *www.maec.es*

Consulados en Santiago de Compostela (el código internacional para llamar a España desde el extranjero es el +34).

Francia Montero Ríos, 40, 2º (981 562 243)
Cuba Doutor Teixeiro, 5-4 (981 576 143)
Filipinas Montero Ríos, 28, 1º (981 566 106)
Consulado honorario de Perú Moas de Abaixo, 30 (981 560 891)
Brasil Ramón Piñeiro, 3 (981 560 891)

Idiomas

Las dos lenguas oficiales de Santiago de Compostela y de la comunidad autónoma de Galicia son el Español y el Gallego. Hay varios centros en la ciudad donde estudiar ambas lenguas:

Universidade de Santiago de Compostela. Cursos internacionales
Avda Ciencias. Chalet 2 (981 597 035) *www.usc.es/spanish*
Academia Iria Flavia
Pérez Constantí, 18 (981 572 888) *www.iriaflavia.net*
Inte Hórreo, 39 (981 588 235)
Aula escola Galega de idiomas
Avenida Romero Donallo, 43- entreplanta (981 932 023)
www.auladeidiomas.com
Campus interlinguas
Fernando III o Santo, 30 7D (981 597 325 / 647 669 649)
www.campusinterlinguas.com
Academia Ultreya
Praza de Vigo, 1 (981 939 210) *www.academiaultreya.com*

Moneda

La moneda en España y en el resto de la eurozona es el euro. Un euro está dividido en cien céntimos. Para chequear el cambio con el resto de divisas se puede chequear la página web:
www.xe.com/es

A pesar de la amplia aceptación de tarjetas de crédito siempre es conveniente tener a mano algunos billetes de denominación pequeña, ya que los billetes de 200 y 500 euros pueden causar problemas y reticencia a ser aceptados.

Tarjetas

La mayoría de establecimientos aceptan las tarjetas principales tales como: VISA, Mastercard, 4B, American express y Diners Club, y en algunos lugares aceptan también cheques de viaje. Los cajeros automáticos están repartidos por toda la ciudad, y dependiendo de qué caja o banco cobran una comisión diferente de la que se avisa al usuario en la pantalla a lo largo del proceso de extraer dinero.

Banca

Las cajas de ahorro y los bancos están abiertos, normalmente, de lunes a viernes de 8.30 a 14.30 h. De octubre a abril los bancos abren los sábados por la mañana y las cajas los jueves por la tarde.

Correos y telégrafos

La sede de Correos y Telégrafos, ubicada cerca de la catedral, permite el envío de cartas, paquetes postales, telegramas y postales. Los sellos también se pueden encontrar en los llamados "estancos" señalados con una gran T.

Oficina de correos

Orfas, 17 (981 581 252)

De lunes a viernes de 8.30 a 20.30 y sábados de 9.30 a 14 h
Podéis encontrar el resto de oficinas en Santiago de Compostela en la página web: *www.correos.es*

Horarios

Como norma general las tiendas abren de 10 a 13.30 y de 16.30/17 a 20/20.30 h. Los grandes almacenes están abiertos todo el día aproximadamente de 10 a 22 h. Los restaurantes suelen abrir de 13 a 16.30 h para comer, aunque a veces, si no hay clientela, pueden cerrar antes. Y entre las 20 a las 00.30 h para cenar. Los bares de copas cierran a las 3.30 h y las discotecas a las 6.30 / 7 h.

Días festivos

El calendario de los festivos oficiales en Santiago de Compostela son:
El año 2010 es año Santo o Jubilar
1 de Enero: Año Nuevo
6 de Enero: Día de Reyes
19 de Marzo: San José/Día del Padre
Abril: Jueves y Viernes Santo
1 de Mayo: Día del Trabajo
Mayo: Ascensión
17 de Mayo: Día de las Letras Gallegas
25 de Julio: Santiago Apóstol. Patria Gallega
15 de Agosto: Asunción de la Virgen
16 de Agosto: San Roque
12 de Octubre: Día de la Hispanidad
1 de Noviembre: Día de Todos los Santos
6 de Diciembre: Día de la Constitución Española
8 de Diciembre: Inmaculada Concepción
25 de Diciembre: Natividad del Señor. Navidad

Puntos de información turística

Existen varios puntos de información turística estratégicamente repartidos por toda la ciudad, incluyendo el Aeropuerto. Además existe una oficina especialmente dirigida para ayudar a los peregrinos.

Sede de Turismo de Santiago Incolsa

Rúa do Vilar, 63 (981 555 129) *www.santiagoturismo.com*
Abierta todo el año. Invierno: todos los días de 9 a 14 y de 16 a 19 h. Semana Santa y temporada alta todos los días de 9 a 21 h

Oficina de Turismo.

Oficina de turismo de Galicia

Rúa do Vilar 30-32 (981 584 081 / 902 332 010) *www.turgalicia.es*

Abierta todo el año. De lunes a viernes de 10 a 20 h. Sábados de 11 a 14 y de 17 a 19 h. Domingos y festivos de 11 a 14 h

Otras oficinas de turismo municipal:

Dársena Xoán XXIII

Abierta en Semana Santa y temporada alta de 9 a 17 h

Aeropuerto (981 897 079)

Sala B

Abierta todo el año

Oficina de acogida al peregrino

Rúa do Vilar, 1 (981 562 419) *www.archicompostela.org*

Todos los días de 9 a 21 h

Clima

La ciudad de Santiago se alza a unos 260 metros del nivel del mar. El clima oceánico húmedo garantiza temperaturas suaves a lo largo de todo el año. La media anual es de 15 °C, en invierno de 8 °C y unos 25 °C en verano. Llueve a menudo, concentrándose las lluvias en invierno y de manera esporádica en primavera y otoño.

Seguridad

Santiago es, en general, una ciudad segura. La gente pasea, de día y de noche por el centro, sin más problema, aunque lo más recomendable es, si se sale de un bar a altas horas de la madrugada, tomar un taxi. Los tirones y los hurtos: móviles, mochilas, etc., no son lo normal pero en el casco antiguo es mejor ser precavido. Has que prestar especial atención a los carteristas en las aglomeraciones y, sobre todo, alrededor de la catedral, donde los descuideros hacen su particular agosto entre los turistas despistados. Pero lo cierto es que rara vez los visitantes tienen problemas y con un mínimo de sentido común no deberíais tener mayores problemas.

Distancia desde Santiago a otras ciudades españolas

Santiago está situada cerca del punto central de Galicia, la región más septentrional y occidental de España.

Barcelona 1174 km
Madrid 670 km
Sevilla 885 km

Salud

La ciudad cuenta con una estupenda red de hospitales tanto públicos como privados. Si tenéis un problema de salud, podéis ir al servicio de medicina ordinaria o a urgencias de un modo totalmente gratuito en los hospitales públicos. Los ciudadanos españoles o de la UE sólo han de presentar su tarjeta sanitaria. En el caso de los ciudadanos europeos la tarjeta sanitaria europea. El resto de ciudadanos deberán presentar, además, un impreso expedido por las autoridades sanitarias de tu país de origen.

Consulta médica ordinaria
Ambulatorio Concepción Arenal. Santiago León de Caracas, 12
Imprescindible solicitar cita previa al teléfono: 981 527 000
Atención de urgencia
Hospital Clínico s/n (981 950 000)
Teléfono de emergencias médicas: 061
Urgencias general: 112
Hospital Nuestra Señora de la Esperanza (hospital privado)
Avenida das Burgas, 2 (981 552 200 - 578 250)
www.nslaesperanza.es

Clínica Souto Boo
Xral Pardiñas, 25 (981 562 812)

Seguros de viaje

Siempre es recomendable poseer un seguro que cubra imprevistos no deseados. Es bueno recordar a los ciudadanos extranjeros que las urgencias de los hospitales públicos son gratuitas para cualquier persona que se encuentre dentro del territorio nacional, pero si quieres visitar a un doctor en un centro privado, dentista, etc. deberás pagarlo, por lo que es conveniente contratar un seguro de viaje, en España suelen ser baratos y con una amplia cobertura. Algunas compañías ofrecen el producto desde tu país de origen, además hay tarjetas de crédito que incluyen un seguro al efectuar el pago con ellas.

Teléfono

Las cabinas telefónicas están por toda la ciudad. Además de llamar se pueden enviar mensajes de texto. Todas las cabinas aceptan monedas y la mayoría tarjetas de prepago de 6 y 12 euros que se pueden adquirir en estancos y otros establecimientos. Para llamar desde España al extranjero hay que marcar 00 y luego el código internacional del país en cuestión más el código provincial y el número de destino. Para llamar desde el extranjero a España hay que marcar 0034 + prefijo provincial + número de teléfono. El prefijo provincial de Santiago es el 981.

Si traen su propio teléfono móvil, al llegar a territorio nacional, recibirán algunos mensajes de diferentes operadores de telefonía de los que operan en España, y podéis elegir la tarifa que más os interese. Una última recomendación: Algunos números son de tarifica-

ción especial, es decir, que pueden resultar muy caros, más de 1 euro/min. Son los que comienzan por: 803 / 806 / 807 / 907 / 902
Información telefónica: 1004 / 901 127 127

Medios de comunicación

Son varios los medios de comunicación regionales tanto en español como en gallego que existen en Santiago y Galicia.
Prensa escrita: *El Correo Gallego, La Voz de Galicia.*
Radio Local: Radio Gallega, Radio Líder.
Televisión regional: Televisión de Galicia (TVG), Localia.

Moverse por Santiago

Tarjeta turística

Como mejor conoceréis Santiago es andando. Ciudad tranquila y pequeña es un lugar perfecto para perderse callejeando, parar a tomar algo, y continuar... De todos modos algunos sitios de interés están lejos del centro y es posible que necesitéis el apoyo de alguno de los transportes públicos que os proporciona la ciudad. Aquí os intentaremos ayudar con todo aquello que tenga que ver con moverse por la mágica ciudad de Santiago.

Autobús

Rara vez necesitaréis utilizar el autobús urbano. Si se da el caso podéis chequear horarios, rutas y precios. Calculad un euro para una ruta del casco antiguo y los alrededores. En la página web de la empresa pública que gestiona los autobuses urbanos en Santiago podréis encontrar toda la información que necesitéis llegado el caso: *www.tussa.org*

La estación central de autobuses de largo y medio recorrido se encuentra en la calle San Caetano, s/n (981 542 416). Algunas de las compañías que operan autocares de larga distancia al resto de Galicia, España y Europa son:

Larga Distancia

Enatcar Internacional (902 422 242)

Conexiones con la mayoría de ciudades españolas y algunos países europeos tales como: Portugal, Alemania o Bélgica.

Para otros destinos en Galicia

Freire

Estación de autobuses (981 588 111)*www.empresafreire.com*

Coche

Lo más recomendable, si llegas en vuestro propio coche, es aparcarlo y moverse caminando, o en transporte público. Si eliges alquilar un coche para la ciudad o para salir de ruta por la provincia, aquí van algunas direcciones de empresas de alquiler de coches:

Atesa (981 599 877) *www.atesa.es*
Avis (981 590 409) *www.avis.es*
Budget (981 897 122)
Europcar (981 547 740) *www.europcar.es*
Hertz (981 598 893) *www.hertz.es*
Sixt Rent Iberia (981 554 408)

Taxi

Hay varias paradas de taxis para moverse por Santiago. Desde el aeropuerto el precio fijo es de 18 euros.

Radio Taxi (24 horas) (981 569 292)
Aeropuerto de Lavacolla (981 591 575)
Avda Figueroa (981 585 973)
Castiñeiriño (981 521 300)
Estación de autobuses (981 582 450)
Estación de trenes (981 598 488)
EuroTaxi (adaptado para minusválidos) (981 535 154)
Fontiñas (981 575 959)
Praza de Galicia (24 horas) (981 561 028)
Praza Roxa (24 horas) (981 595 964)

Bicicleta

Algunas Compañías ofrecen el servicio, por lo general para peregrinos, de devolver la bicicleta a vuestra casa tras vuestra aventura…

Stand en la Estación de Renfe (608 845 000)

Ofrecen diversos servicios incluido el envío de la bicicleta, embalaje, un bulto adicional. El horario de recogida es hasta las 20 h y los portes se pagan en origen.

Si prefieres que te lo cuenten. Visitas guiadas

A pesar de que Santiago es una ciudad muy fácil de conocer por vuestra cuenta, debido a sus dimensiones y fácil acceso a los principales puntos de interés, quizás, por falta de tiempo o porque os apetece que un experto os explique los aspectos más importantes y sacar así más partido a vuestra visita, la ciudad cuenta con varias opciones para disfrutar de vuestra visita con un guía profesional.

Asociación profesional guías turísticos de galicia

Apartado de Correos 751 (981 569 890)

El punto de partida es en la plaza de Platerías, el guía de turno se reconocerá por un paraguas amarillo con el anagrama de la Asociación.

Del 16 de octubre al 31 de marzo, una visita al día, a las 12 h
Del 1 de abril al 15 de octubre dos visitas: 12 y 18 h
Duración de la visita 2 horas
Precio por persona: 8 euros (menores de 12 años: gratuito)

Audioguías

Otra manera muy amena de conocer la ciudad es a través de una audioguía MP3 de fácil uso. El alquiler y devolución de la audioguía (por 24 h) se realiza en la oficina principal de turismo de Santiago.

Rúa do Vilar, 63 (981 555 129)

Abierta todo el año
Horario invierno: todos los días de 9 a 14 y de 16 a 19 h
Semana santa y temporada alta: todos los días de 9 a 21 h
Precio de la audio guía: 12 euros
Idiomas: español, francés, inglés, alemán, italiano y portugués
www.santiagoturismo.com

Visita guiada a las cubiertas de la catedral

La visita guiada a las cubiertas de la ciudad es una oportunidad fantástica para apreciar unas increíbles y mágicas vistas de la ciudad y los alrededores.
Entrada por el Pazo de Xelmírez, Praza de Obradoiro.
Las visitas son según disponibilidad de 10 a 14 y de 16 a 20 h todos los días. Precio: 10 euros, 8 euros para personas jubiladas, estudiantes y peregrinos.

Guías turísticos

Si queréis contratar a una persona para que os enseñe la ciudad o sencillamente elegir rutas entre lo que os oferten los propios guías, tenéis varias opciones:

Asociación de guías profesionales de Guías Turísticos de Galicia
Apartado de correos 751 (981 569 890)
Secchi S. L.
Galeras, 13 2.ª planta, oficina 1, 15705 (981 554 176)
www.turismosecchi.com
Alayón
Lisboa, 16, bajos, 15707 (981 560 135)
www.alayon.es
Art Natura
(639 888 064)
www.artnaturagalicia.com

Tren turístico

Saliendo de la plaza del Obradoiro un tren turístico que rodea la zona antigua y pasa por la mayoría de los lugares de interés de una manera divertida y amena.

En temporada alta cada día, cada hora, de 11 a 20 h.
En temporada media de lunes a domingo, cada hora, de 11 a 13 y de 16 a 19 h.
En temporada baja los viernes, sábados y domingos, cada hora, de 11 a 13 y de 16 a 19 h aunque se pueden modificar los horarios y es mejor consultarlo.
Adultos: 5 euros
Hasta los tres años: gratis
Niños hasta los 14 años: 3 euros
Descuentos para grupos

Autobús turístico

Santiago de Compostela cuenta con una flota de autobuses turísticos de dos plantas, con la de arriba abierta, pero cubierta con una especie de lona en caso de lluvia, que recorren los puntos de interés turístico de la ciudad con una frecuencia de entre 30 minutos y 1 hora. El precio es de 8.5 euros y los niños viajan gratis hasta los cuatro años.

El recorrido comienza en la *avenida Xoan XIII.* El precio del billete permite subir y bajar en el mismo día varias veces, y luego subir sin volver a pagar. Las paradas son: *Xoan XIII, Avenida de la Alameda, Plaza de Galicia, Colegiata Santa Maria de Sar, rúa da Virxe de Cerca, Santo Domingo de Bonaval y el centro comercial Área Central.*

Aprovechar la naturaleza con un poquito de deporte

Santiago tiene muchísimos atractivos: su arquitectura, historia, cultura, gastronomía... pero sin ninguna duda sus impresionantes alrededores, su ondulada orografía, la cercanía al mar y sus dos ríos cercanos: Ulla y Tambre, hacen de la ciudad y la comarca un exquisito entorno para practicar todo tipo de deportes de aventura.

La ciudad en sí posee, también, varios parques y jardines, y algunas piscinas urbanas para practicar otro tipo de actividades.

Entorno natural

Santiago y su entorno es todo uno. Ya lo dijo Gabriel García Márquez: "Santiago es la única ciudad en la que las piedras florecen". El moho de sus esquinas, y las plantas que crecen en las junturas de la catedral anuncian que la fina lluvia y la humedad crean verdor y vida en toda la comarca.

La ciudad está encajonada entre dos montes: *El Pedroso* y el *Viso,* más una serie de colinas onduladas que rodean la ciudad y que poseen una serie de miradores naturales con fantásticas vistas sobre omnipresente catedral y el casco antiguo. El mirador urbano más famoso está en el paseo da Ferradura, en el *Parque Alameda,* o en el *Campus sur,* en el mismo parque. Otro gran lugar entre la ciudad y el monte para observar la ciudad es el Parque da *Granxa do Xesto.* Rodeado de lagos artificiales y tranquilidad se puede apreciar las tejas del casco antiguo desde otra perspectiva. Recomendamos disfrutar de las vistas desde la auténtica cafetería de madera que está en el parque...

Y los miradores... a escasos diez minutos andando desde la *Praza Obradoiro* está el *Monte Pío* donde se encuentra la casa del presi-

dente de la comunidad, rodeado de un jardín público con unas fantásticas vistas de la ciudad.

Ya en el monte, un par de puntos son perfectos para apreciar la grandeza y monumentalidad de Santiago de Compostela: Desde el *Monte Pedroso,* posiblemente el mirador más impresionante en los alrededores de la ciudad, con unas vistas que quitan el aliento a cualquiera con un mínimo de sensibilidad, un imprescindible de vuestra visita a Santiago, sin duda. Para acceder tenéis que ascender unos cuarenta minutos desde el *Ponte Asén,* en el *Parque Galeras,* cruzando la aldea de *Casas Novas.* El otro mirador es el del *Monte da Almáciga,* muy cerca de la estación de autobuses, en lo alto de la cima urbana más alta.

Turismo Activo

Las actividades típicas de naturaleza y de aventura son una opción perfecta en Santiago. Las posibilidades son infinitas debido a la escarpada orografía del terreno, los ríos y las montañas. Aquí van algunas ideas por si queréis disfrutar de la naturaleza haciendo algo de ejercicio y descargando un mucho de adrenalina. Por ejemplo:

-Descenso de rapel
-Senderismo fluvial
-Rafting e hidrospeed
-Rutas y descenso en piraguas
-Rutas en neumáticas a motor
-Puenting
-Cursos de kite surf

En nuestra sección sobre alrededores de Santiago y excursiones os damos más información al respecto, también podéis saber más en el 902 190 160 o en la página web: *www.santiagoreservas.com/servicios/listadoproductosaspx*

Golf

A un kilómetro del aeropuerto de Lavacolla y a 10 km de Santiago hay un campo de golf, el **Real Aero Club Santiago.**
Precio: Laborables 40 euros. Festivos: 60 euros.

Rutas en avioneta

(902 190 160) *www.santiagoreservas.com*

Sobrevolar Santiago en avioneta es una experiencia apasionante, una manera diferente de disfrutar de la ciudad. Las salidas se realizan desde el aeropuerto de Santiago o de A Coruña, dependiendo de la ruta elegida. Se ha de hacer la reserva con 24 horas de antelación.

Piscina

Piscinas do Sar

Multiusos Fontes de Sar

(981 568 162)

Situada junto a las *fontes do sar.* Dispone de una piscina específica para niños. En invierno es cubierta.

Piscina Santa Isabel

Piscina cubierta

(981 581 220)

Complejo deportivo de Santa Isabel, *rúa Tras Santa Isabel.*

Parques y jardines

En la ciudad de Santiago nunca se está lejos de una zona verde, lugares perfectos para pasear, hacer *jogging* o sencillamente tumbarse en el césped y descansar. Sin duda el verde es el color del anillo de parques que rodean la ciudad. Aquí os proporcionamos un listado de los parques de la ciudad de Santiago, sobre algunos, los más emblemáticos, hablaremos en profundidad en los itinerarios y los lugares de interés.

Parque de la Alameda
Campus universitario Sur

Carballeira de San Lourenzo
Paseo fluvial del río Sarela
Parque de Galeras
Parque da Granxa do Xesto
Parque de Vista Alegre
Parque de la Música en Compostela
Parque de Santo Domingo de Bonaval
Parque de Belvís
Parques de Avda. Burgo das Nacións y Xixón
Parques de Fermín Bouza Brey y Alexandre Bóveda
Parques Pablo Iglesias, Ponte Mantible, Blanco Amor y San Caetano
Parque del Monte de Almáciga
Paseo fluvial del Sar
Parque de Carlomagno
Parque de Eugenio Graell

Paseo de la Alameda.

Las fiestas y celebraciones populares más destacadas

De la mano del increíble patrimonio histórico-cultural de la ciudad de Santiago, de la mano, sus fiestas y tradiciones dicen tanto o más que sus monumentos, como si esas celebraciones fuesen, también, testigo de su rica historia.

Dado que Santiago, tras Jerusalén y Roma, es la tercera ciudad Santa del mundo cristiano, sus fiestas y celebraciones están íntimamente ligadas con la religión, destacando sobre todas ellas la del Apóstol Santiago, más Semana Santa, Navidad y Reyes.

Aparte de a la religión Santiago es una ciudad íntimamente ligada a la tierra. Las celebraciones agrarias y gastronómicas también tienen su importancia. Y por último la modernidad que ha aumentado y enriquecido las festividades compostelanas con una variada programación cultural: danza, teatro, etc.

Peculiaridades de las fiestas en Santiago

Romería: Es un tipo peculiar de celebración en el que se mezcla la religión (misa y procesión), y lo profano (folclore, muñeiras, gaiteros, y verbenas). En las romerías los romeros acuden en busca de algún favor y suelen ofrecer algún regalo a un santo. Como ejemplo podemos hablar de la Romería de San Lázaro, en la que los romeros ofrecen patas de cerdo, peculiaridad ésta que ha dado pie a una receta típica de la región: las uñas de cerdo con bertones de col.

Bombas de palenque: En casi todas las fiestas de Santiago se escuchan las bombas de palenque (estos artilugios pirotécnicos se consolidaron hace décadas, asociados a la creencia de que los estruendos espantaban las nubes y el mal tiempo), y junto con los fuegos artificiales forman el dueto del ruido por excelencia en las fiestas de Santiago.

La Muñeira: La Muñeira es un baile tradicional típico de Galicia.

Las Pulpeiras: Se llaman así a las paisanas que preparan el pulpo en puestos ocasionales que se preparan para las fiestas.

Religión y comida: Prácticamente cada celebración religiosa conlleva uno o varios platos típicos creando una gastronomía peculiar, íntimamente ligada a las tradiciones santiagueñas.

Principales fiestas

Fiestas del Apóstol Santiago

Por toda la ciudad. 2.ª quincena de julio.

Las fiestas más importantes de la ciudad, las del Apóstol Santiago, tienen una duración de quince días. Toda la ciudad se convierte en un gran festival mezcla de religiosidad y una sana relajación popular.

Los días más importantes son el 24 y el 25 de julio. El 24 de noche los fuegos artificiales iluminan toda la ciudad en honor al Apóstol, al mismo tiempo que se quema un castillo pirotécnico que ilumina la fachada gótica de la ciudad.

El día 25 en la misa solemne el Rey o un representante de la casa real hacen la tradicional ofrenda al Apóstol Santiago. Es en esta misa donde se puede apreciar y disfrutar del botafumeiro, el inmenso incensario que se balancea por toda la catedral llenándola de un perfume y un halo de misticismo difícil de igualar. El mismo día 25 es el día de Galicia y miles de gallegos lo celebran en las calles.

En esta quincena las calles se visten de fiesta y se celebran diversas actividades culturales y lúdicas de todo tipo: música, danza, teatro, pasacalles y verbenas. También se reúnen todas las bandas de música de Galicia y se exhiben trajes regionales y bailes folclóricos. Y fiesta hasta el día 31, donde otro gran espectáculo de fuegos artificiales sella el fin de la fiesta.

Romería de San Lázaro (Festa das Uñas)

Barrio de San Lázaro

Entre mediados de marzo y principios de abril.

San Lázaro es un barrio situado a la entrada de la ciudad sobre el camino de Santiago. Al santo se le honra con misa y procesión, a la que se une una romería antiquísima que sigue celebrando la subasta de los pies de cerdo como ofrenda al santo.

Festividad de San Roque

Capilla de San Roque (981 555 129)
16 de Agosto.

El día de San Roque se celebra una misa solemne en su capilla. Esta tradición se remonata a 1517, cuando varias pestes asolaron la región y se levantó la capilla a la entrada de la ciudad para que protegiese a la ciudad.

Listado de Festividades Oficiales

El año 2010 es Año Santo o Jubilar
1 de enero Año Nuevo
6 de enero Día de Reyes
19 de marzo San José/Día del Padre
Abril: Jueves y Viernes Santo
1 de mayo Día del Trabajo
Mayo Ascensión
17 de mayo Día de las Letras Gallegas
25 de julio Santiago Apóstol. Patria Gallega
15 de agosto Asunción de la Virgen
16 de agosto San Roque
12 de octubre Día de la Hispanidad
1 de noviembre Día de Todos los Santos
6 de diciembre Día de la Constitución Española
8 de diciembre Inmaculada Concepción
25 de diciembre Natividad del Señor. Navidad

Vida nocturna

Las opciones de la noche de Santiago tienen tantas opciones como esquinas y callejuelas tiene su milenaria ciudad antigua. Cenar tranquilamente, disfrutar de los paseos mágicos arropado por la ciudad iluminada y un sinfín de opciones más: disfrutar de alguna actividad cultural, música, copas tranquilas o no tan tranquilas...

Si por algo se caracteriza la noche de Santiago es que puedes encontrar un local abierto y con ambiente prácticamente cada día, incluyendo los lunes. Esto se debe, en parte, a la cantidad de gente joven que vive en Santiago, algunos estudiando y otros trabajando.

Otra de las grandes ventajas de Santiago es que debido a las reducidas dimensiones de la ciudad y la gran concentración de locales casi nunca es necesario coger un coche o un taxi y os podéis desplazar caminando entre vino y vino...

La ciudad de noche

Aparte de la noche más obvia, noche de copas y locales, hay otra opción increíblemente atractiva para disfrutar de la noche. Pasear. Sencilla y, en el caso de Santiago, fascinante actividad. En la ciudad antigua la noche parece pintada de amarillos y ocres, melancólica y quieta. Los monumentos y las callejuelas, los soportales y las casas antiguas tienen, de noche, una mano de pintura de tiempo, un nosequé de indescriptible y suave. Aquí el tiempo se olvida, y se puede percibir mejor que nunca el pasado y la espiritualidad que respiran las piedras de la ciudad.

Aquí, de noche, nunca perder el tiempo fue tan provechoso. Pasear por la calle Quintana, escuchar a lo lejos las lejanas campanas de la catedral, sentarse en cualquier escalera, en los bancos, callarse rodeado del murmullo de un café, pasear tranquilo por el jardín belvís…

Descubre tu propia noche, tu rincón, ninguna guía te puede guiar, la experiencia es guiada por tus pasos, y si te pierdes, mejor.

Las horas de la noche

En Santiago se sale más tarde que en la mayoría de las ciudades, y se acaba más tarde, más tarde por la mañana queremos decir…

Entre las 20 y las 22 h es el tiempo de unos vinos, que suelen servirse con una pequeña "tapa" un bocadito suculento y gratuito: jamón, queso, embutidos…

A partir de las 22 y las 23 h es la hora normal para cenar, y a partir de las 23 h los locales más tranquilos para tomar unas copas empiezan a llenarse, hasta las 3.30 h. A partir de la 1 ó 1.30 h los locales de baile se abren y comienzan a tener los primeros clientes. Hasta las cinco y las seis podéis encontrar locales abiertos, incluso hasta las siete, y pronto por la mañana podéis acabar con un buen desayuno, unos churros con chocolate, por ejemplo…

Zona Vieja

Las rúas del casco antiguo bullen de noche. Prácticamente cada calle tiene un local para tomar un vino, un pub o un bar. Las calles con los mejores bares de tapeo y vino son las *rúas Franco y Raiña, Troia, San Pedro, Travesa, Plaza de Santo Agostiño,* etc.

En veranito para unas primeras copas en una terraza podéis optar por la *rúa San Paio de Antealtares.* Otras opciones son las *rúas Quintana, Vilar y Nova.*

Zona Nueva o Ensanche

La zona nueva son los barrios que comenzaron a construirse en los años 1950 hasta 1980.

La zona de bares, vinos, cervezas y tapas se concentra en una serie de calles y zonas cercanas entre sí: *Carreira do Conde, Montero ríos, Alfredo Brañas y República del Salvador.* Un poco más al sur algunas otras áreas que puedes disfrutar son: alrededores de la *plaza Roxa, Santiago del estero, calle nova de abaixo, y Santiago de Chile.*

En esta zona los locales son radicalmente a los de la zona antigua, sobre todo en dimensiones. Aquí son más grandes y modernos. Los estudiantes le ofrecen todavía más vitalidad a la zona, sobre todo en las calles de marcha por excelencia: *Alfredo Brañas, República Argentina, Santiago de Chile, y Fernando III o Santo.*

Ambientes y opciones

Debido a que Santiago es una ciudad pequeña no están tan claramente definidos los diferentes ambientes y muchas veces el mismo local puede comenzar poniendo música *house* y acabar, por ejemplo, con música latina. Esto hace también que el tipo de gente que se pueda encontrar en los locales sea más heterogénea que en otros sitios.

De todos modos sigue habiendo sitios específicos de música latina, *folk* u otros de ambiente gay o *gay friendly*. Aparte de la información de los locales que os proporcionamos aquí, por toda la ciudad: en bares, cafeterías, pubs, facultades universitarias y puntos de información turística, podréis encontrar publicaciones que os proporcionarán todo lo que necesitéis saber sobre la noche de Santiago.

Locales por estilos

Los clásicos: dentro de la noche de Santiago hay unos cuantos locales que son, por tradición, los lugares con más solera de la ciudad, garitos que se han hecho un hueco en la noche a lo largo de los años. En común tienen música variada, clientela fiel y mucha experiencia en el ocio nocturno. Algunos de ellos son:

Pub Borriquita de Belén
Alteares, 22
Pub Casa das Crechas
Vía Sacra, 3
Atlántico
Fonte de San miguel, 9 (981 577 396)
Pub Modus Vivendi
Praza Feixoo, s/n
Pub Paraíso Perdido Alteares, 3

Dado Dadá jazz club
Alfredo Brañas, 19 (981 591 574)
Latino: uno de los mejores locales de la ciudad para bailar música latina es el **Conga,** en la rúa Conga, 8 (981 583 407)

Gay friendly: aunque hay pocos lugares exclusivamente para gays, varios de ellos son *gay friendly,* o sea locales en los que tus tendencias sexuales no son un problema para nadie…

Pub HS
Rúa da Troia
Otros locales: **Tupperware, Bolengo, Abastos.**
Para bailar: ahí van algunos locales para bailar y disfrutar de la noche de Santiago.

Pub Quintana Saur
Quintana, 1 (981 573 171)
Pub retablo
Rúa Nova, 13 (981 564 851)
Otros locales: **Capitol, Century, Ruta, Liberty, Catedral.**

Pubs rock y alternativos: Tomar unas copas tranquilas con un fondo de música *chill out* o saltar como un loco escuchando rock duro, los locales alternativos están de moda en Santiago de Compostela, sobre todo por los más jóvenes, universitarios o no.

Pub A Reixa
Tras Salomé, 3 (981 560 780)
Pub Medusa
Praza das Ánimas,1 (981 577 395)
Otros locales: **Tarasca, Avante, Bartolo, Insomnia, Matadero, Fraggle Rock.**

Vida cultural

Aparte de la cantidad de eventos, celebraciones, fiestas y exposiciones que enriquecerán Santiago en su año Santo Xacobeo 2010, la ciudad Compostelana posee diversos centros y lugares en los que disfrutar de la cultura en todas sus expresiones: cines, teatros, museos... En los puntos de información turística de la ciudad os podrán proporcionar información sobre la vida cultural en varios folletos gratuitos, tales como “Vive Galicia”, un libreto trimestral que da información cultural de todo tipo: exposiciones, conciertos, etc. En la relación que sigue citamos algunos de los lugares en los que la cultura local, gallega, nacional e internacional brillan tanto como sus monumentos iluminados o su riquísima gastronomía.

Cines

Multicines Valle Inclán

C/ Fernando III o Santo (981 597 088)

Precio: miércoles día del espectador 5 euros. Laborables 6 euros. Festivos 6,5 euros. Estudiantes y mayores de 65 años, días laborables 5 euros.

Posee un aforo de 803 personas y hay descuentos para poseedores del *Carné Xoven* y de estudiante.

Cines Área Central

Centro comercial de Área Central- Fontiñas
(981 560 428 / reservas: 932 928 060)

Precio: Laborables 6 euros. Viernes noche, sábados y festivos 6,5 euros. Miércoles día del espectador, 5 euros.

A la 1 de la madrugada tienen sesiones golfas para los noctámbulos y para los que quieran ver películas en versión original. Descuentos de lunes a viernes del *Carné Xoven* y de estudiante.

Museo do Pobo Galego.

Museos

Museo de la Catedral

Pl. Platerías, s/n (981 560 527)

Horario: Verano, de lunes a sábado, de 10 a 14 y de 16 a 20 h. Domingos y festivos, de 10 a 14 h.
Horario: Invierno, de lunes a sábado, de 10 a 13.30 y de 16 a 18.30 h. Abren sólo por las mañanas los festivos.
Precio: 5 euros.

La entrada se realiza desde la nave lateral derecha de la catedral. El vestíbulo inmediatamente posterior a la entrada lleva a dos de las capillas más importantes de la catedral, la capilla de las Reliquias y la del Tesoro.

Museo do Pobo Galego (Museo del Pueblo Gallego)

San Domingos de Bonaval (981 583 620)

Horario: de martes a sábado de 10 a 14 y de 16 a 20 h.
Domingos y festivos: de 11 a 14 h. Lunes cerrado.
Entrada libre. *www.museodopobo.es*

Museo de las Peregrinaciones y de Santiago

Rúa de San Miguel, 4 (981 581 558)

Horario: De martes a viernes, de 10 a 20 h. Sábados, de 10.30 a 13.30 y de 17 a 20 h. Domingos, de 10.30 a 13.30 h. Lunes y festivos nacionales cerrados. *www.mdperegrinacions.com*

Precio: 2,40 euros; grupos y estudiantes, 1.80 euros; menores de 18 y mayores de 65, gratis.

Museo de Arte Sacra

Monasterio de San Pelayo de Antealtares (981 583 127)

Horario: abierto de abril a diciembre de 10.30 a 13.30 y de 16 a 19 h. Domingos cerrados. Precio: 1,20 euros

El museo está ubicado dentro del monasterio de Antealtares, monasterio antiguo y señorial, con unas raíces cristianas profundas que se remontan a su construcción en el siglo IX cuando, tras el descubrimiento de los restos del Apóstol, se creó el recinto para dar cabida a los monjes benedictinos que custodiaban y daban culto a las reliquias del Santo.

Museo de Tierra Santa

Convento de San Francisco, s/n (981 581 600)

Horario: De 10.30 a 13.30 y de 16 a 19 h. Lunes cerrados.
Precio: 3 euros. Estudiantes y jubilados: 2 euros

El museo se encuentra en uno de los claustros del convento de San Francisco construido en 1224. La visita ya valdría la pena por el convento, pero en este caso lo más interesante del museo es la posibilidad de apreciar y conocer la cultura del medio oriente. Todas las piezas proceden de la tierra santa, pasando por diferentes épocas, desde el paleolítico hasta nuestros días. Un museo original que une dos destinos de peregrinación: Santiago de Compostela y Jerusalén. El museo está dividido en las siguientes secciones:

Pasado remoto: incluye el periodo del Paleolítico hasta la dominación romana.

Presente de tierra santa: donde se presentan varias obras de arte en nácar y madera de olivo. Y especial mención tiene en este apartado la basílica del santo sepulcro, bellísima maqueta que sigue siendo uno de los objetos más admirados del museo.

Jerusalén codiciada: Desde el siglo I hasta la segunda guerra mundial diversas culturas han pasado por Jerusalén (bizantinos, romanos, árabes y turcos), y en esta sección son representadas.

Convivencia actual: Se muestran las variadas religiones y culturas que conviven hoy en Jerusalén: judíos, musulmanes y cristianos.

Museo da Colexiata do Sar

Colegiata de Santa María de Sar (981 562 891)
Horario: de lunes a sábado de 10 a 13 y de 16 a 19 h. Domingos y festivos sólo está abierta la iglesia de 8 a 14 h.

El museo se encuentra dentro de la fascinante iglesia románica de Santa Maria de Sar. Este pequeño museo fue fundado en 1975, y a pesar de sus reducidas dimensiones posee piezas y documentos de un valor incalculable, por ejemplo el pergamino fundacional del propio templo, en 1136 y sellado por el arzobispo Gelmírez. Las secciones de orfebrería y arqueología merecen una visita detallada, pura historia escrita en las joyas y en las piedras.

Centro Gallego de Arte Contemporáneo

Ramón María del Valle Inclán, s/n (981 546 619)

Campus Sur.

Horario: de martes a domingo, de 11 a 20 h. Lunes cerrados. Entrada libre *www.cgac.org*

Muy cerca de la ciudad monumental, abierto desde 1993 y con programación estable desde 1995. Su cercanía a varios monumentos de vital importancia para la historia gallega hace del museo y los alrededores un espacio bellísimo. El edificio así, de líneas lisas y sólidas, fue construido por el portugués Álvaro Siza. Su interior, austero y de luces indirectas, da el toque discreto y perfecto para que las obras de arte sean las verdaderas estrellas del museo.

Las funciones del CGAC son bien claras: Dar voz a lo último en arte, al arte más radicalmente moderno y trasgresor, y por otro lado recuperar, mediante retrospectivas, lo mejor del arte de las últimas décadas, sin olvidar una especial atención a los artistas gallegos.

Música en directo

Aparte de que el año 2010 será año jacobeo y habrá diversas actividades musicales, anualmente Santiago celebra una serie de festivales y actividades relacionadas con la música que os presentamos a continuación:

Ciclo nuevos intérpretes

Universidad de Santiago de Compostela

Colexio de San Xerome, Praza de Obradoiro (981 599 255)
Fechas: 19 enero-31 marzo
Este es un ciclo de música de cámara a cargo de jóvenes músicos.
www.ti.usc.es/cultura

Microfest

Sar, s/n (981 568 160)
Fechas: 9 septiembre *www.multiusos.net*
Festival de otoño de *hip hop* para los amantes de la rima subversiva.

Compostela festival - Músicas del mundo

Diversas localizaciones por la ciudad (981 555 129)
Fechas: del 22 al 26 de julio
Este festival está enfocado a potenciar y dar a conocer la diversidad cultural y el respeto mutuo a través de la música.

Festival via Stellae "Festival de Música de Compostela e os seus camiños"

El festival se celebra en varios auditorios e iglesias de la ciudad
Fechas: del 2 de julio al 23 de julio
Festival de verano de música clásica vinculado a Santiago y sus caminos.

AUDITORIO DE GALICIA

Teatros

Sala Nasa

C/ San Lorenzo 51-53 B (981 573 998)

Aforo de 500 personas *www.salanasa.com*

Teatro Principal

Rúa Nova, 22 (981 542 347)

Aforo de 440 personas *www.santiagodecompostela.org*

Salón teatro

Rúa Nova, 34 (981 581 111)

Aforo de 272 personas *www.centrodramatico.org*

Auditorio de Galicia

Avda do Burgo das Nacións, s/n (981 552 290)

Aforo de 1000 personas *www.auditoriodegalicia.org*

Recuerdos para la familia y otros productos

En Santiago se puede encontrar de todo. Joyas, antigüedades, telas, souvenirs y un inmenso etcétera. Es prácticamente imposible comprimir en una guía todos los sitios que merecen la pena ser visitados en busca de una ganga, o de ese objeto que nos acaba seduciendo, pero os podemos ayudar con las mejores zonas, los datos prácticos y lo más típico de la región.

La mayor parte de los lugares para disfrutar del "Shopping" se encuentran en el casco antiguo y sus alrededores, donde podréis encontrar de todo: souvenirs, libros, moda, cerámica... Comprar es un motivo más por el que venir a Santiago y seguro que alguno de sus tesoros escondidos os cautivarán.

Datos prácticos

Horarios de Apertura

En general todas las tiendas están abiertas de lunes a viernes de 10 a 14 y de 16.30 a 20.30 h. Los sábados muchos establecimientos abren también, pero en general sólo por las mañanas. Las grandes superficies suelen abrir sin interrupción al mediodía y el horario suele ser de 10 a 21 h de lunes a sábados.

Las rebajas

En Santiago, y en España en general, las rebajas de los precios se concentran en dos periodos del año. El periodo entre julio y agosto, y el periodo que va desde después de Reyes, en enero, hasta febrero.

Tarjetas

En la mayoría de establecimientos de Santiago que están en esta relación se puede comprar con las tarjetas más importantes a nivel internacional. Ante la duda mejor preguntar en el mismo establecimiento antes de comprar. En caso de tener algún problema con las tarjetas aquí va una relación de las tarjetas más extendidas y un teléfono de información en caso de pérdida o problemas relacionados con las mismas.

ServiRed (902 192 100)
4B (913 626 200)
Euro6000 (902 206 000)
AMEX (902 375 637)
Visa (900 991 124)
MasterCard (900 971 231)

Precios

En Santiago hay compras para todos los presupuestos, desde el souvenir de 1 euro a las joyas de miles de euros. Como hemos comentado antes, la mayoría de sus compras las podrá hacer con tarjeta, o sea que no es necesario que cuando vaya de compras lleve mucho efectivo. Recuerde guardar los tickets de compra para poder hacer una reclamación llegado el caso.

Aduanas

Los ciudadanos de la UE no están sujetos a los deberes y derechos aduaneros. Los residentes extracomunitarios pueden reclamar la devolución del IVA (valor del impuesto añadido) por compras superiores a los 90 euros. Para reclamar la devolución tenéis que solicitar la factura tax-free que tendrás que presentar en las aduanas y fronteras españolas.

Objetos voluminosos

Si compráis algún objeto voluminoso podéis enviarlo de vuelta a

casa sin problemas ya que la mayoría de establecimientos que los venden pueden enviártelos a tu lugar de origen. Además algunas de las compañías internacionales de mensajería en Valencia os pueden ayudar, aquí van algunos teléfonos de contacto:

MRW (902 300 400)
SEUR (902 101 010)
UPS (902 888 820)
DHL (902 123 030)

Centros comerciales

Como en toda ciudad los centros comerciales se han convertido en un centro multidisciplinar de ocio y consumo. A pesar de que los dos grandes centros comerciales se encuentran a las afueras de la ciudad, se puede llegar fácilmente en transporte público, o en taxi.

(Radio Taxi: 981 569 292). En estos centros comerciales se pueden encontrar infinidad de tiendas, tecnología, y la mayoría de grandes marcas internacionales de moda.

Hipercor-El Corte Inglés
Rúa do Restollal, 50 (Atención al cliente: 901 122 122)
Bus: Línea 6
Centro comercial área central
Polígono das Fontiñas, junto al acceso al camino francés
(981 560 845). Bus: Línea 11

Típico de Santiago

Aquí va una relación de productos típicos de la ciudad o la región:
Objetos artesanales típicos: botafumeiros, joyas de plata y azabache, reproducciones de la cruz de Santiago, conchas de vieira jacobea, y cómo no… ¡gaitas!

Moda: Galicia es uno de los centros creadores más activos del mundo y casi todas las grandes marcas se encuentran en sus calles y plazas: Adolfo Domínguez, ZARA, Roberto Verino, Florentino, Purificación García y Antonio Pernas tienen tienda en Santiago... difícil resistirse para los amantes de la moda.

Ensanche

Otra de las zonas comerciales más importantes de la ciudad se sitúa en lo que se conoce como el Ensanche. El Ensanche es la zona por donde más creció la ciudad fuera del casco antiguo en los años 60 y 70. Entre la variada oferta destacan: moda, grandes franquicias, zapaterías, tiendas de regalos y boutiques.

Las principales avenidas comerciales son:

Doctor Teixeiro
Rúa República del Salvador
Rúa Alfredo Bañas
Rúa República Argentina
Rúa La Rosa
Rúa Xeneral Pardiñas
Rúa Santiago de Chile

Y las plazas:

La plaza Roja
La plaza de Galicia

Mercadillos

En el casco histórico, en la *rúa Nova,* hay un mercadillo al aire libre que abre todos los días de 10 a 20.30 h. Es un mercadillo *hippie,* perfecto para pequeñas compras: bisutería, cuero y pequeños objetos artesanos.

Alojamientos recomendados

Santiago posee muchísimos establecimientos de todos los niveles, desde el súper hotel de cinco estrellas hasta el hotelito familiar más humilde o las pensiones de habitaciones compartidas típicas de mochileros. En general siempre tendréis diversas opciones para dormir dependiendo de vuestro gusto y vuestra economía, sin embargo hay que avisar que en verano, en el año Xacobeo 2010, o cuando se desarrollan eventos o festividades de envergadura, es recomendable que reservéis con antelación. En esta relación os facilitaremos siempre que se pueda la página web del hotel en cuestión desde donde podréis reservar online. Un último consejo. Si llegáis a Santiago sin reserva de ningún tipo vuestra mejor opción es pedir información al respecto en cualquier punto de información turística por toda la ciudad, incluyendo uno en el aeropuerto.

En lo que hace referencia al precio, para todos los gustos... Calculad dc 75 a 80 euros para un buen hotel en el centro, y poco más de 30 euros en los más modestos. Los precios son orientativos para habitación doble, asimismo el precio que proporcionamos siempre será la opción más económica. Muchos establecimientos varían los precios y los suben en temporada alta y fechas señaladas, sin embargo, si hacéis reservas con antelación o preguntáis por ofertas especiales, los precios pueden bajar sensiblemente.

Alojamientos

Nivel alto

Hostal de los Reyes católicos ****

Plaza del Obradoiro, 1 (981 582 200) *www.parador.es*

Seguramente, el más famoso de los paradores de Galicia, fue antiguamente un hospital que albergaba a los peregrinos. Su fachada

Hostal de los Reyes Católicos.

es de estilo plateresco y sus interiores están magníficamente decorados. Dentro del hostal hay cuatro claustros que han sido bautizados como los evangelistas.

Las estancias son espaciosas pero sencillas. Sus salones y su bar son espectaculares y de un gusto exquisito.

Meliá Araguaney *****

Alfredo Brañas, 5 (981 595 900)

www.araguaney.com

Uno de los hoteles más prestigiosos de la ciudad. La entrada al vestíbulo tiene clase y da la bienvenida con mármol y tapices. El dueño del hotel regenta una fundación de arte, y algunos de los cuadros se encuentran expuestos en los espacios comunes.

Meliá Araguaney.

Puerta del Camino ****

Miguel Ferro Caaveiro, s/n (981 569 400)

www.puertadelcamino.com

Este hotel es muy popular para la gente de negocios y congresos debido a su funcionalidad exclusiva y su localización: entre el Palacio de Congresos y el Estadio de San Lázaro. Las habitaciones son amplias e impecables, aunque su vocación funcional hace que no tengan mucho encanto.

AC Palacio del Carmen *****

Oblatas, s/n (981 552 444)

www.ac-hotels.com

Originalmente este fantástico hotel fue un convento (conocido como el convento de las Oblatas), construido en el siglo XIX. Al conjunto le da un aire señorial y de tranquilidad los extensos jardines que lo rodean. A modo de centro para convenciones y celebraciones el hotel posee una capilla que formó parte del convento original. Las habitaciones son vanguardistas y equipadas con todos los detalles.

Hesperia Peregrino ****
Rosalía de Castro, s/n (981 521 850)
www.hesperia.es
Ubicado en la ciudad nueva, cerca del campus universitario y la estación de ferrocarril, a menos de diez minutos de la ciudad antigua, el Hotel Hesperia Peregrino es un hotel tradicional de alto nivel. El hotel dispone de 150 habitaciones completamente equipadas. Posee piscina climatizada, restaurante de cocina gallega e internacional, y salas de reuniones con luz natural.

NH Obradoiro ****
Burgo das nacions, s/n (981 558 070)
www.nh-hoteles.es
Este fantástico hotel está ubicado enfrente del auditorio de Galicia, rodeado de jardines y calma, a diez minutos andando de la Catedral. La presencia del hotel es vanguardista que se funde perfectamente con el espacio y las habitaciones dan todas a las zonas verdes circundantes.

Nivel Medio
Hesperia Gelmírez ***
Hórreo, 92 (981 561 100)
www.hoteles-hesperia.es
Un hotel situado a pocos minutos del centro histórico. 138 habitaciones bien equipadas y con TV con satélite, y con wi-fi gratuito.

Hotel residencia Costa Vella **
Puerta de la Peña, 17 (981 569 530)
www.costavella.com
El edificio que lo alberga es parte del conjunto histórico artístico compostelano. Está situado en pleno casco histórico. Las habitacio-

Husa Santiago Apóstol ***
Cuesta de San Marcos, 1
(981 557 155)
www.husa.es
Entre la ciudad y el aeropuerto, muy cerca del inicio de la autopista de A Coruña. Un hotel moderno y de habitaciones correctas.

Husa Ciudad Compostela ***
Avda. de Lugo, 213
(981 569 320)
Situado en un moderno edificio ubicado a diez minutos del casco histórico, junto a la zona recreativa de Fontiñas. Habitaciones muy bien equipadas.

Virxe da Cerca ***
Virxe da cerca, 27
(981 569 350)
www.pousadasdecompostela.com
Situado en el casco histórico de la ciudad ocupa un edificio del siglo XVIII. El bellísimo jardín es un plus a las acogedoras e íntimas habitaciones.

Hotel Residencia Costa Vella.

nes combinan perfectamente los acabados rústicos como las piedras a obra vista, con todos los adelantos tecnológicos. Dispone de jardín, cafetería, y dos galerías acristaladas, en una de ellas se sirven los fantásticos desayunos. La combinación de la piedra y el roble es la norma, con un estilo rústico y acogedor.

Universal

Plaza de Galicia, 2 (981 585 800)

www.husa.es

Hotel funcional y correcto, sin grandes lujos pero sin ninguna carencia, buena relación calidad-precio.

Nivel bajo

En la calle Entremuros existen varios hostales sencillos, muy bien conservados y muy céntricos, a tan solo diez minutos de la catedral.

Albergue Seminario Menor.

Albergue Seminario Menor

Avda. Quiroga Palacios, 2 (881 031 768)

www.albergueseminariomenor.com

El seminario menor la asunción funciona como seminario, colegio y como albergue peregrino, en un edificio monumental construido en 1829. Las habitaciones pueden ser individuales o compartidas.

Establecimientos recomendados

La cultura del comer en Santiago

En la mesa, en Santiago, depende todo del hambre que se tenga. Si se tiene mucha lo mejor es pedir el típico menú de tres platos, en cuyo precio suele ir incluido pan y bebida, y saciarse. En el caso de que se quiera comer raciones y picar un poco de todo, las opciones son infinitas. Es típico pedir raciones y compartir varios platos entre algunos amigos, picoteando aquí y allá con tu propio tenedor. Las raciones más típicas son los platos de: calamares, tortilla, pulpo a la gallega, ensaladas, tablas de quesos y embutidos... En este caso lo más normal es que cada uno vaya cogiendo de aquí y allá y que se pague en conjunto, ya que el camarero traerá la cuenta con el precio total de lo consumido, no por separado.

No confundáis las raciones con las tapas. En el caso de las raciones son platos medianos llenos de comida, sin embargo la tapa es pequeña, no más que un bocado que os pondrán al pedir alguna bebida, y que en el caso de Santiago suelen ser gratuitas.

BAR
BARBANTES
HOSPEDAJE
HR
TABACOS

Comida típica para llevarse a casa

En Santiago hay multitud de establecimientos en los que probar y llevarse comida para tu casa. El Mercado de Abastos, las rúas históricas y el Ensanche están llenos de locales en los que disfrutar de la comida de Santiago cuando uno quiera tras un empaquetado profesional y que seguro será suficiente para aguantar cualquier viaje.

Las opciones son varias y sabrosísimas. La delicia más popular en este campo suele ser la Tarta de Santiago. Y muchas más delicias dulces como las "piedras de Santiago" (Almendras cubiertas de chocolate), o los "caprichos de Santiago" (dulce a base de almendras y merengue), la miel gallega y por supuesto las tabletas de chocolate artesanal.

Capítulo aparte mercen los dulces monacales que son tan populares y deliciosos en Santiago, quizá por la santidad del lugar... Las diferentes congregaciones femeninas de Santiago ofrecen una variedad y una calidad difícilmente igualable en ninguna otra ciudad. Las benedictinas de San Paio ofrecen almendrados, pastas de té, magdalenas y tartas de Santiago, tartas de hojaldre, etcétera. Las dominicas de Belvís se han especializado en la repostería navideña tales como los mantecados, almendrados y galletas de varios tipos.

Café Derby Bar

Huérfanas, 29

Bar muy popular, con una amplia terraza llena de peregrinos de paso y locales. Perfecto para una comida rápida tipo sándwich o bocadillos, o para tomar unas raciones y ver a la gente pasar.

Casa Vilas

Rosalía de Castro, 88
(981 591 000)

Un buen restaurante de cocina clásica gallega. Todo está cuidado al detalle y los sabores son auténticos y verdaderamente locales. Sus especialidades son el pulpo y las empanadas.

La Tacita de Juan

Hórreo, 31 (981 562 041)

Un restaurante muy popular en Santiago. Recetas de la cocina tradicional de Santiago con una selección estupenda de las materias primas. Posee una extensa carta de vinos. Sus especialidades son: mero a lo pobre, codillo al horno, empanadas y diversas crepes rellenas.

Casa Marcelo

Campo das Hortas, 1

Este restaurante se encuentra en un caserón del siglo XVIII junto a la plaza del Obradorio. Lo más peculiar de este local es la inexistencia de carta. Cada día hay un menú diferente dependiendo de los productos frescos del mercado. El dueño y chef Marcelo Tejedor te sorprenderá, ¡seguro!

Belgo Mejillones

Travesa, 22

Lugar moderno y de moda, posee una buena selección de vinos y su especialidad es, como se deduce fácilmente del nombre del local, los mejillones como los reyes indiscutibles de la carta.

La Bodeguilla de San Roque

San Roque, 13

Otro de los mejores locales de Santiago para tapear. Tiene casi de todo, pero los jamones y los quesos son lo mejor.

O Catro

Rua San Pedro, 4

Local céntrico y barato, y muy popular en Santiago. Su especialidad son las raciones y sobre todo el pulpo.

Casal do Cabildo

Rúa de San Pedro, 18

Local de reciente apertura, pero que rápidamente se ha colado como referencia en la cultura del tapeo en Santiago. Combina las raciones más clásicas: pulpo a feira, lacón, pimientos del padrón..., con algunas modestas y discretas innovaciones. Una grata sorpresa es la "Tabla Tierra y mar", en la que sobre una tabla se combinan diferentes productos típicos de la tierra: chipirones, setas, espárragos, chuletillas de cordero…

Mesón Castaños

Porta Faxeira, 2 (981 585 929)

Una opción rápida y sencilla: sándwiches, ensaladas y platos de embutido y queso.

El Asesino

Plaza de la Universidad, 16 (981 581 568)

El restaurante El Asesino es todo un clásico compostelano situado en la plaza de la Universidad. Con casi un siglo a sus espaldas el nombre le viene por la costumbre del antiguo dueño que mataba a las gallinas en la puerta del restaurante. Por su ubicación y su historia es uno de los mejores locales para probar la tradicional cocina santiagueña. Especialidad en caldos, chuletón, almejas…

Restaurante El Mercadito

Galeras, 18 (981 574 239)

Una opción estupenda, clásico y con una relación calidad precio inigualable. Parte del comedor da a la catedral, y posee dos reservados más íntimos. La comida es excelente: pisto, merluza de celebro al pil-pil de albahaca o huevos de la casa con patatas.

MONROY
CAFE. BAR

Ín-di-ce

A

A Cidade da Cultura 136
Auditorio de Galicia 131, 162

B

Barrio do Conxo 127
Botafumeiro.............................. 66

C

Campus Norte 132
Campus Sur 128
Casa de los Canónigos 98
Casa del Cabildo..................... 100
Casa del Deán 102
Casa Europa........................... 132
Cascada de A Toxa.................. 152
Catedral 38, 180
Altar Mayor *64*
Camarín *61*
Capilla de la Blanca.............. *61*
Capilla de la Corticela........... *57*
Capilla de las Reliquias.......... *68*
Capilla de San Andrés *57*
Capilla de San Antonio *57*
Capilla de San Bartolomé *58*
Capilla de San Fernando........ *68*
Capilla de San Juan y Santa Susana................. *60*
Capilla de San Nicolás........... *57*
Capilla de San Pedro............. *61*
Capilla de San Salvador......... *61*
Capilla del Alba.................... *69*
Capilla del Cristo de Burgos... *54*
Capilla del Espíritu Santo....... *58*
Capilla del Pilar..................... *62*
Capilla Mayor........................ *62*
Cripta................................... *58*
Pórtico de la Gloria................ *46*
Puerta de la Vía Sacra........... *60*
Sacristía *62*
Sala Capitular....................... *69*
Torre de la Carraca................ *44*
Torre de las Campanas.......... *44*
Capilla de las Reliquias.......... *56*
Capilla de Santa Catalina....... *56*
Capilla del Sagrado Corazón............................ *55*
Centro Gallego de Arte Contemporáneo....... 111
Colegio de Fonseca................ 118
Colegio de San Jerónimo......... 183
Colexiata de Santa María do Sar....................... 138
Convento de Carme de Arriba 175
Convento de la Merced.... 106, 168
Convento de San Domingos de Bonaval 112
Convento de Santa Clara 173
Convento de Santa María de Belvís 108, 171

E

Edificio Castromil 126
Estadio Multiusos de San Lázaro..................... 135

F

Facultad de Geografía
e Historia 107
Fisterra y Costa da Morte 148

H

Hostal dos Reis Católicos... 86, 180

I

Iglesia de la Compañía 107
Iglesia de San Fiz de Solivio 108
Iglesia de Santa
María Salomé 105
Isla de Ons 152

M

Monasterio de San Martín
Pinario 92, 116, 183
Monasterio de San Paio
de Antealtares 98, 176, 183
Monasterio de Santa
María la Real de Conxo........ 127
Monasterio de
San Lorenzo 129
Monte do Gozo 135
Monte Pedroso 130
Museo das Peregrinacións....... 115
Museo de Arte Sacro................. 99
Museo de la Catedral 66, 180
Museo do Pobo Galego 112

P

Palacio de Exposiciones
y Congresos 135
Parlamento de Galicia 139
Pazo de Bendaña..................... 104
Pazo de Fonseca..................... 105
Pazo de Oca 150
Pazo de Raxoi 46, 90, 183
Pazo de San Xerome................. 89
Pazo de Xelmírez 83, 180
Playa fluvial de Chalán 144
Playa fluvial de O Refuxio 144
Plaza del Obradoiro................... 44
Plaza de la Azabachería....... 75, 92
Plaza de las Platerías 73, 100
Plaza de Mazarelos 106
Plaza de Quintana..................... 97
Plaza del Obradoiro................... 82
Plaza Toural 102
Praza de Cervantes 113
Puerta Real............................... 75
Puerta Santa............................. 75

R

Rúa do Franco 119
Rúa do Vilar 102

T

Torre del Reloj.......................... 74
Tren turístico 160